This book belongs to:

_____

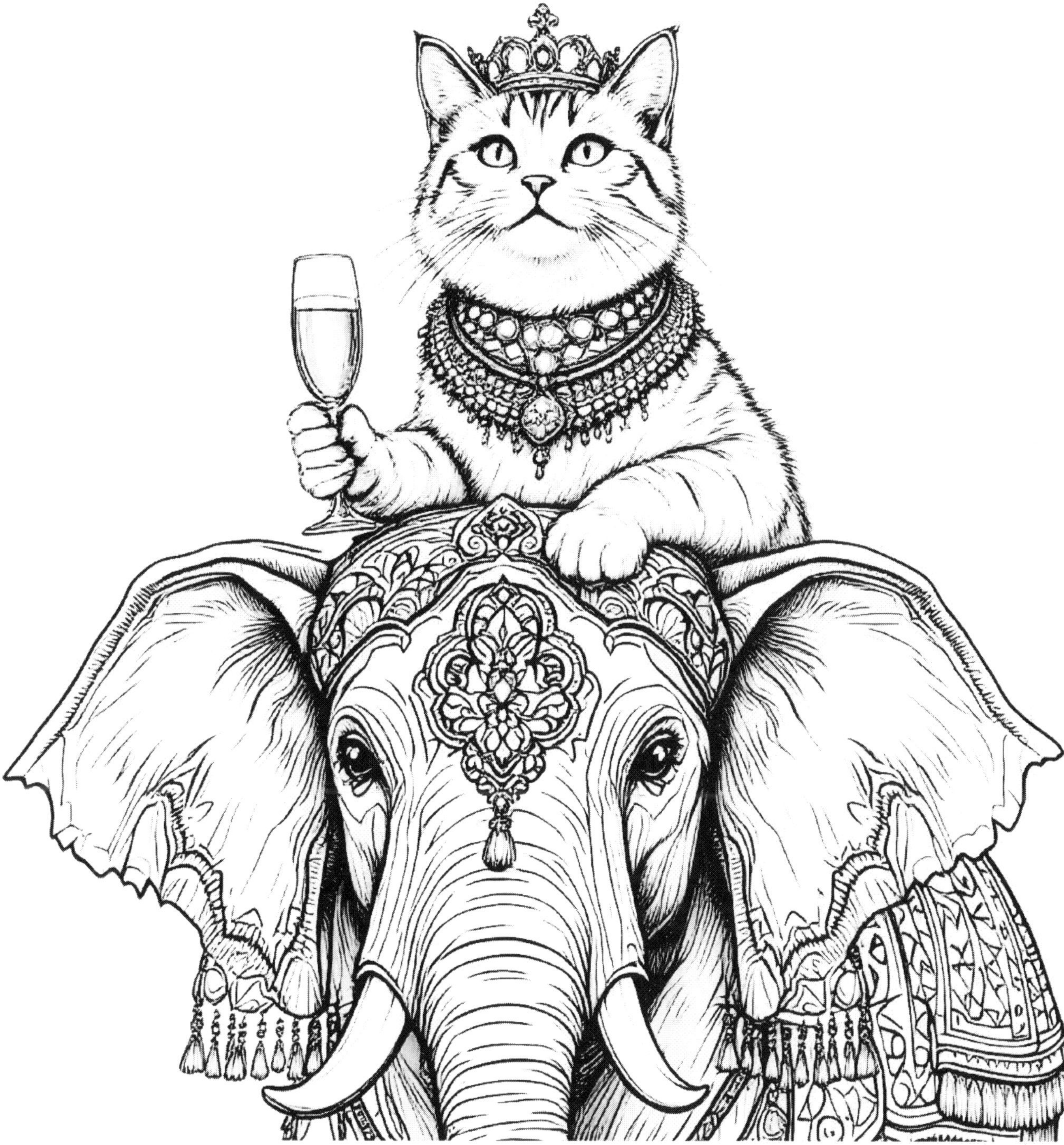

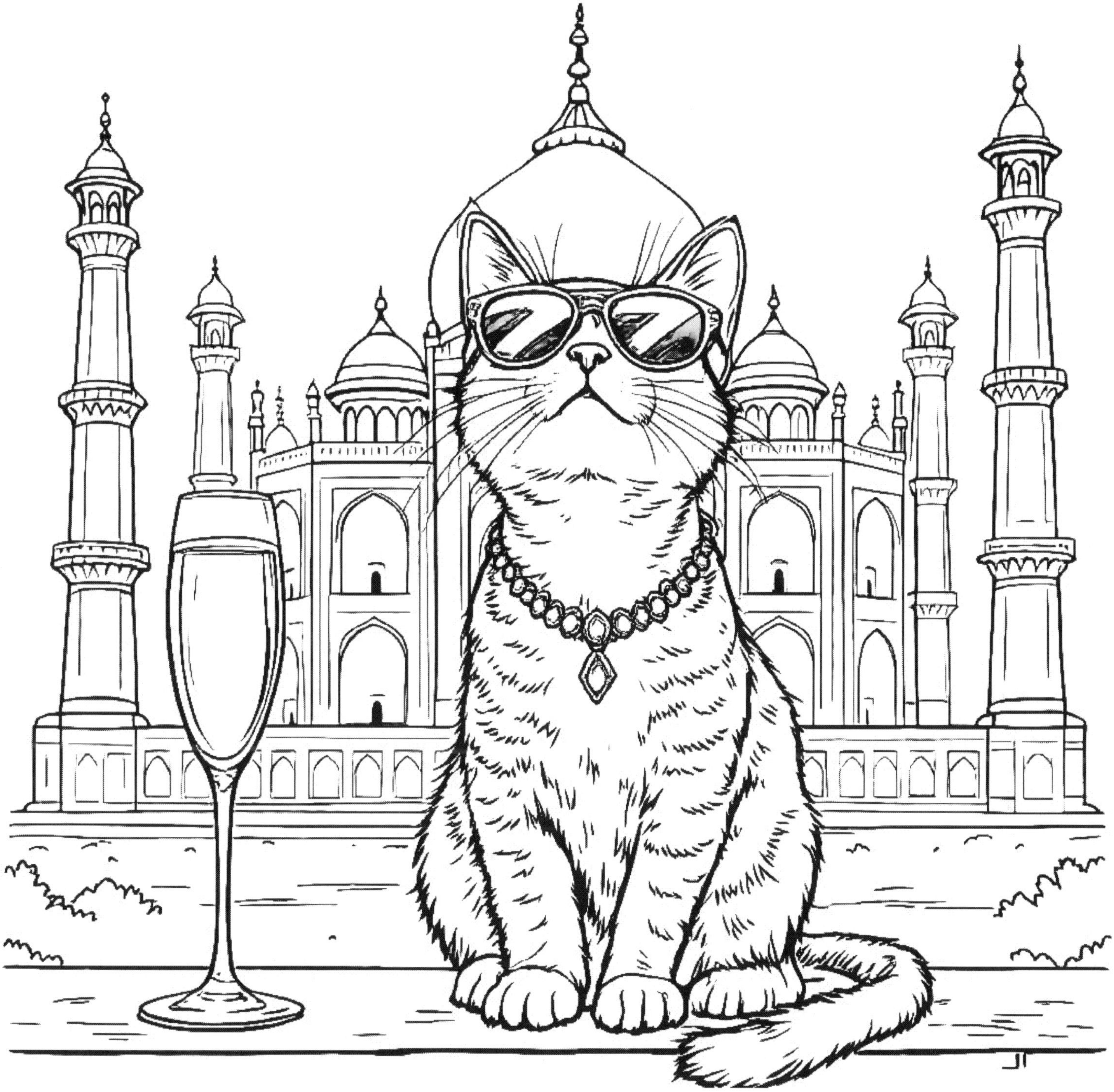

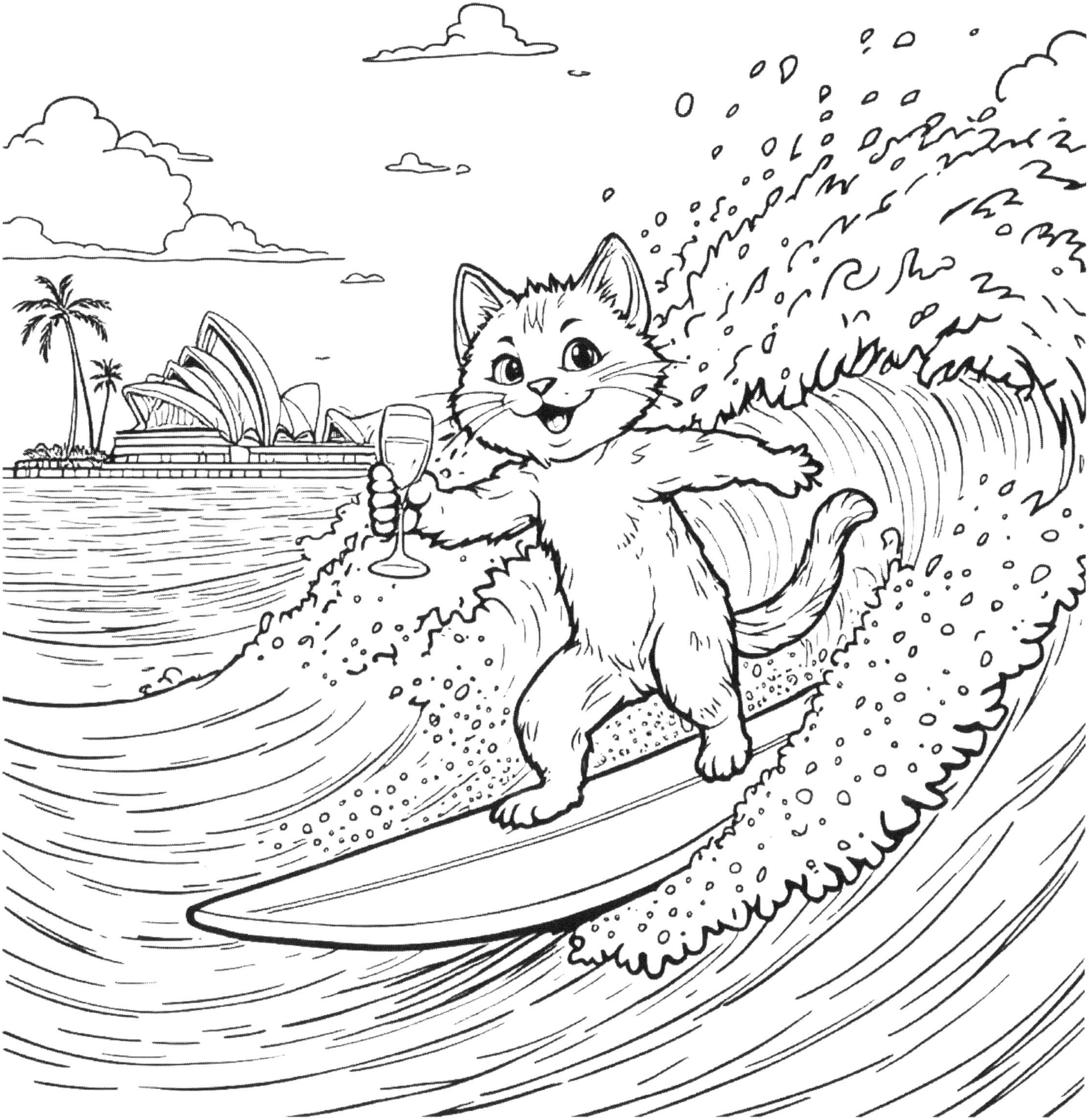

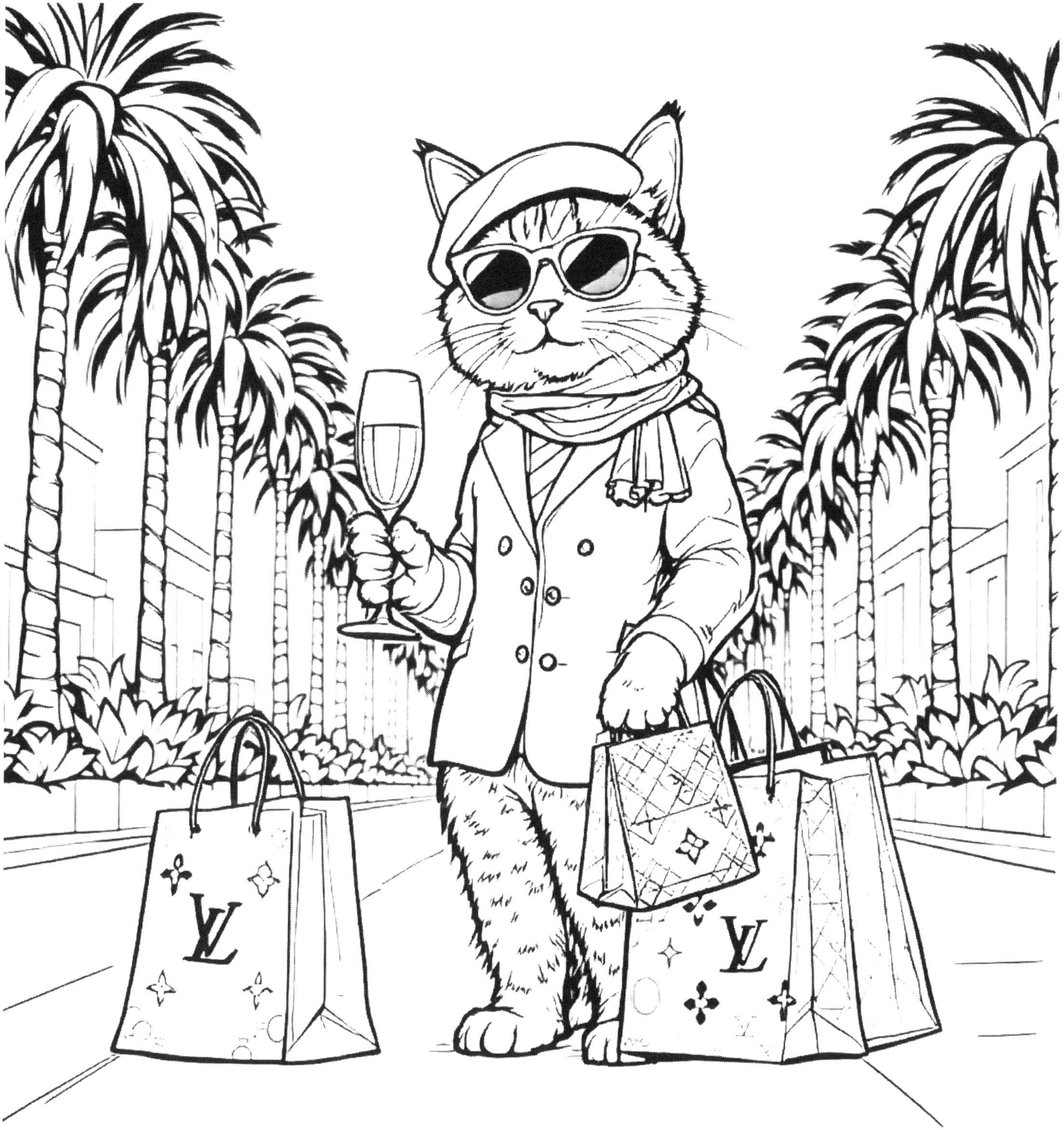

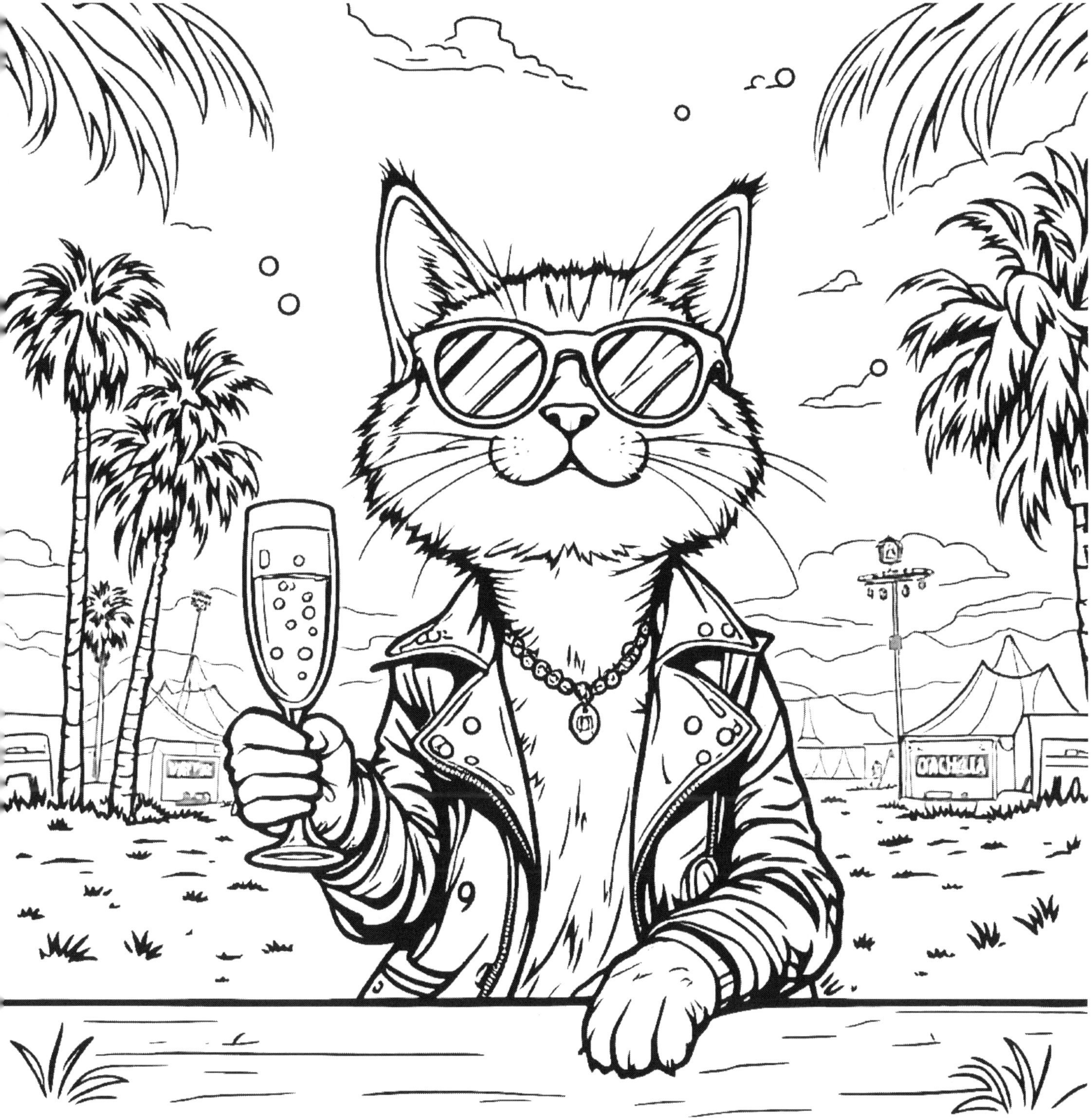

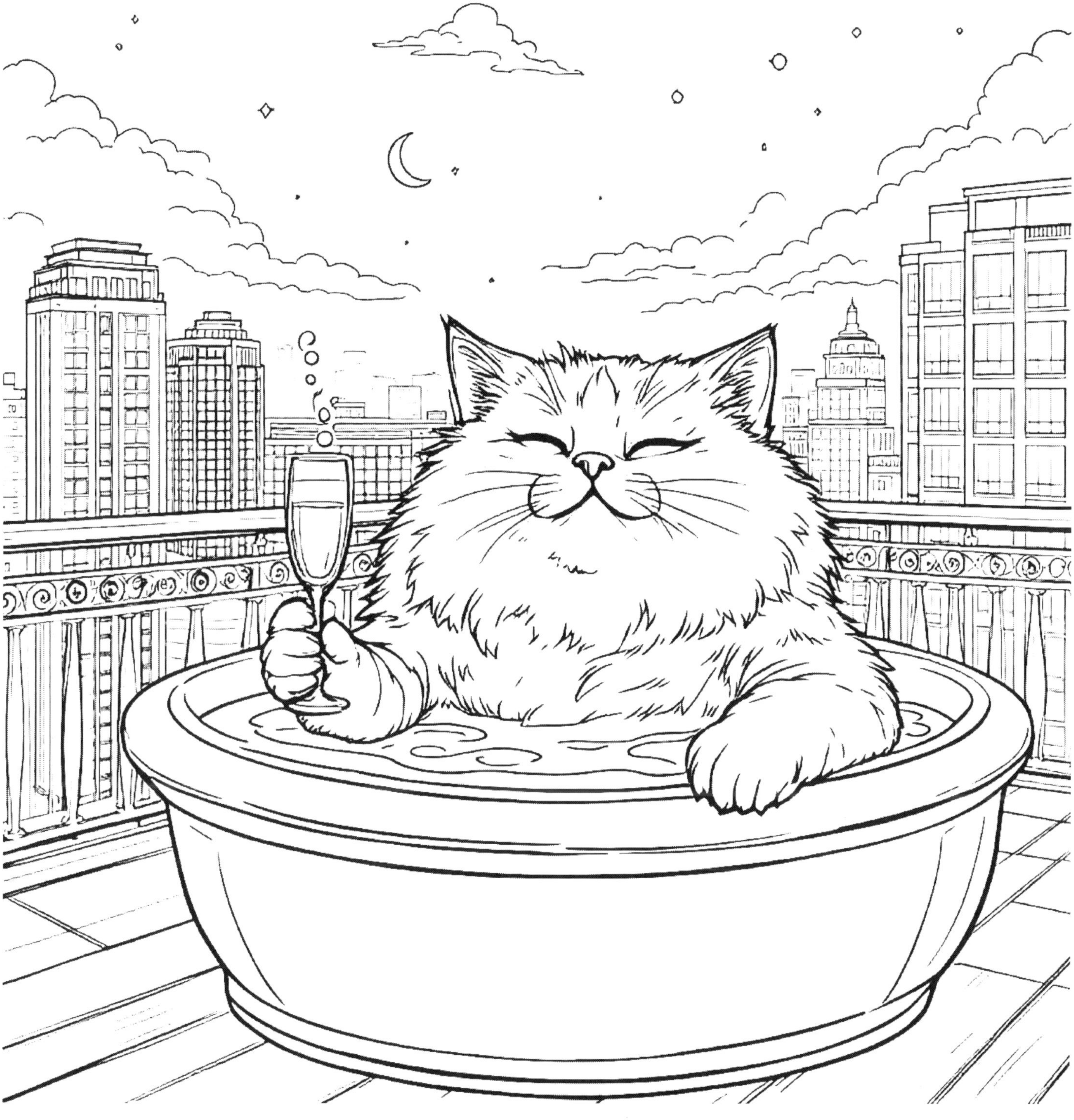

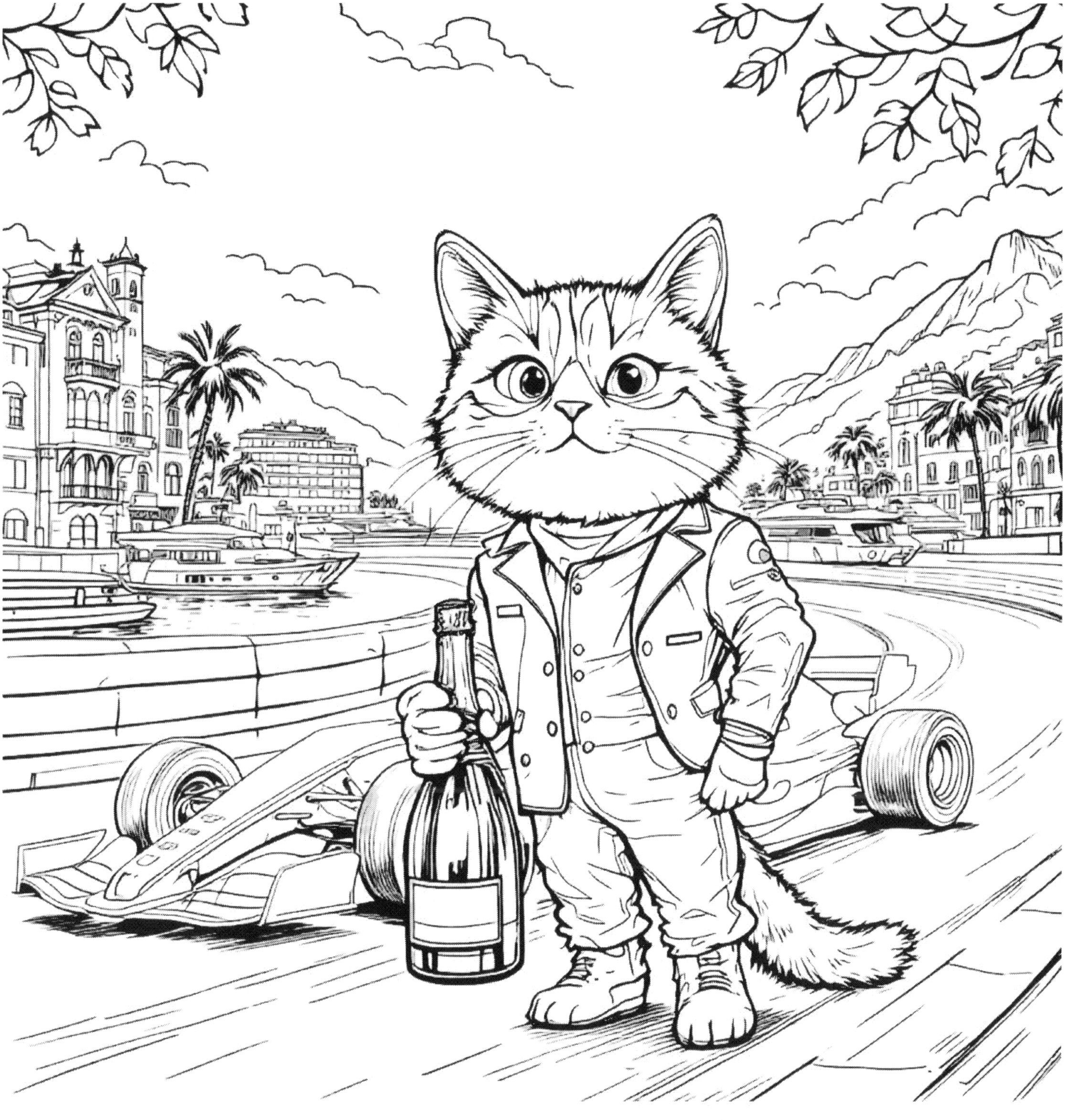

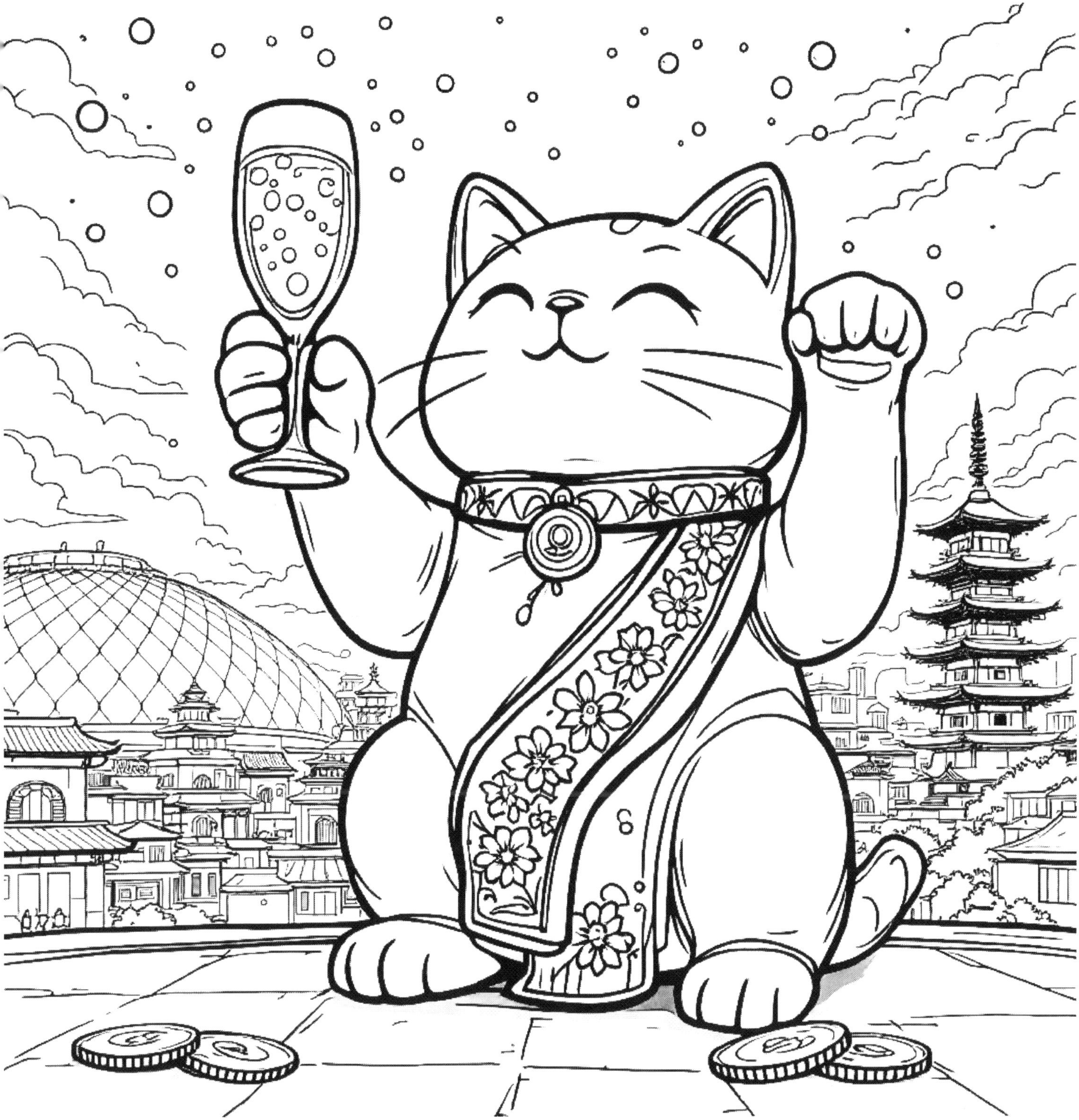

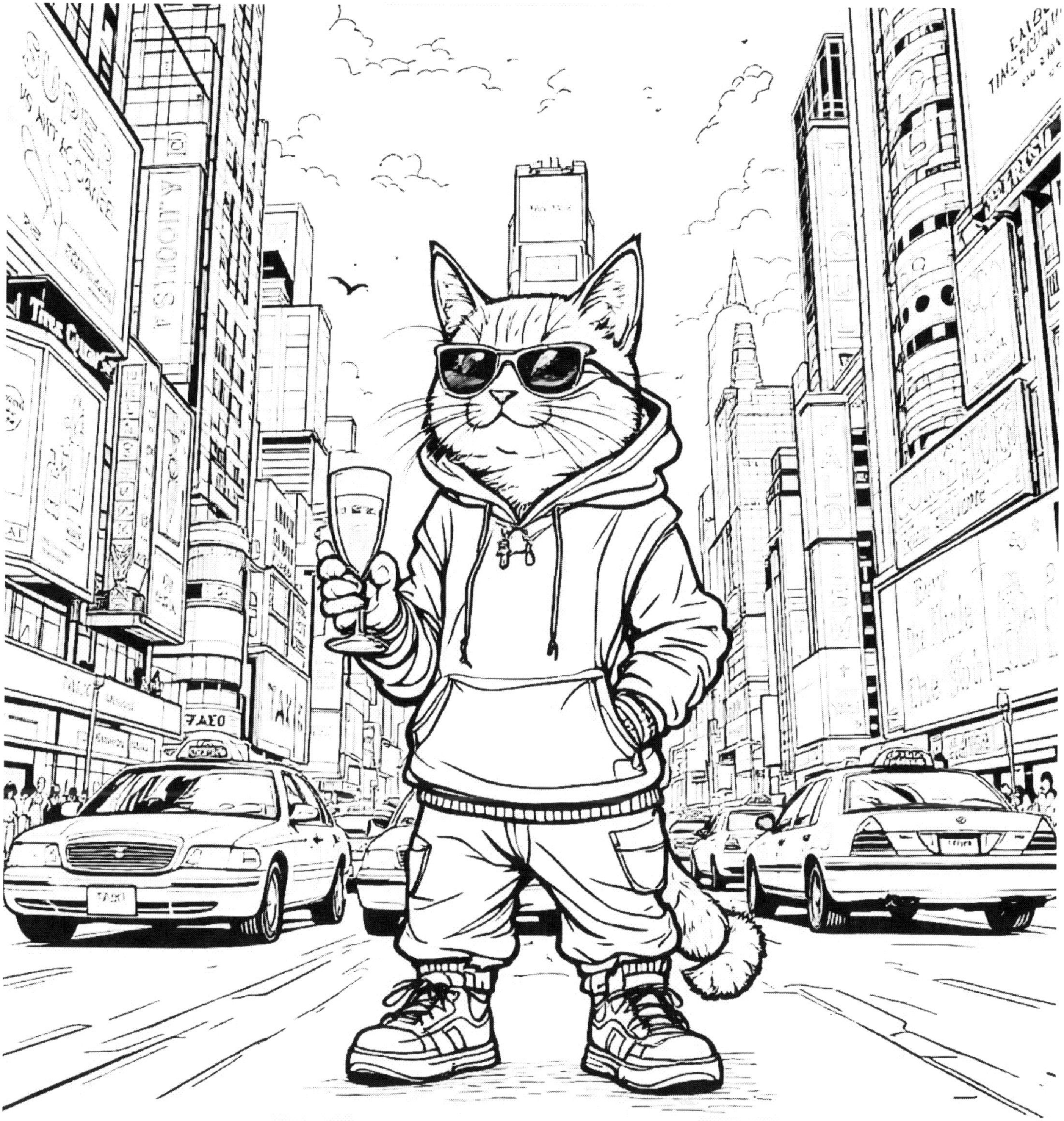
TAXI

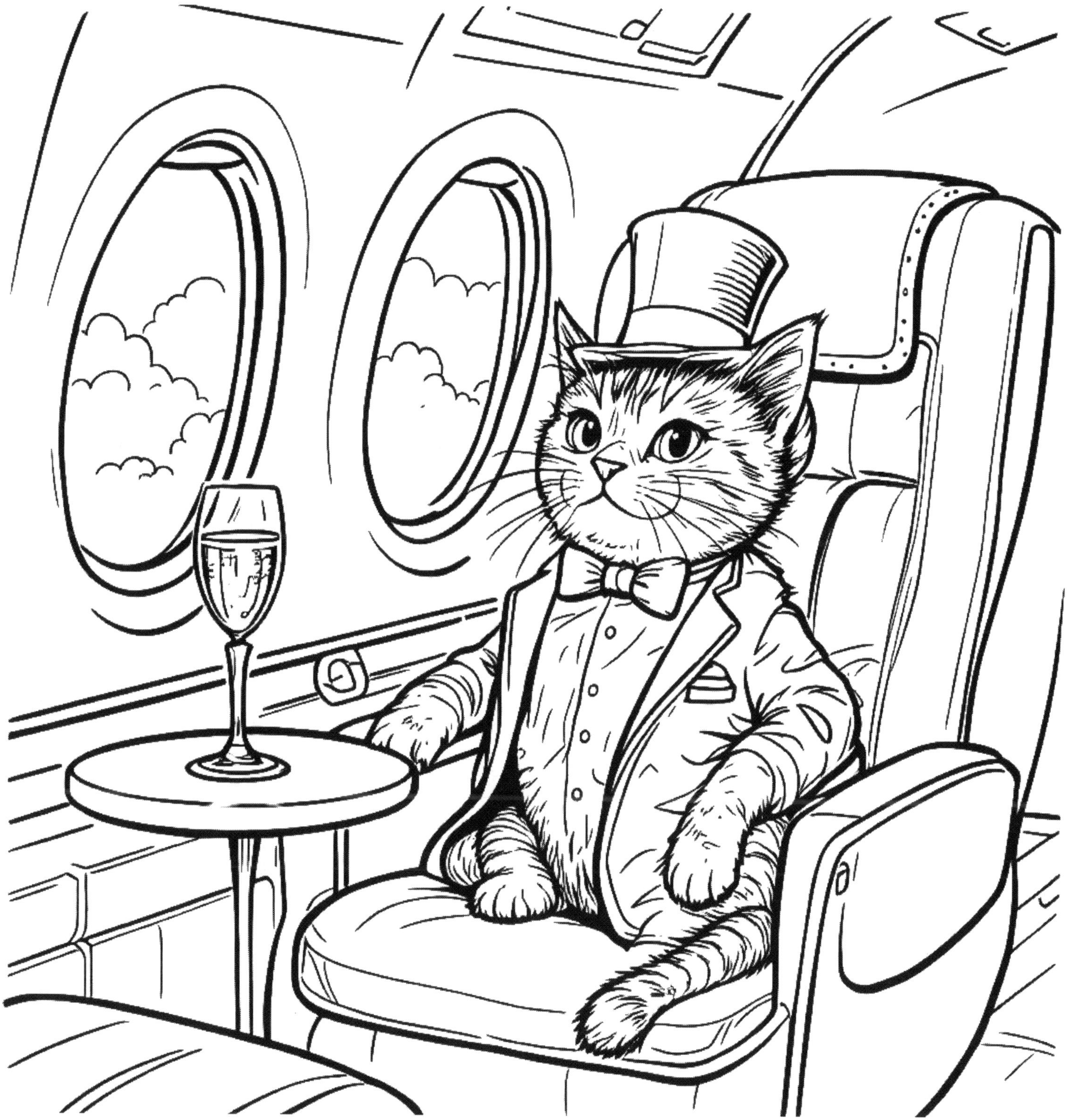

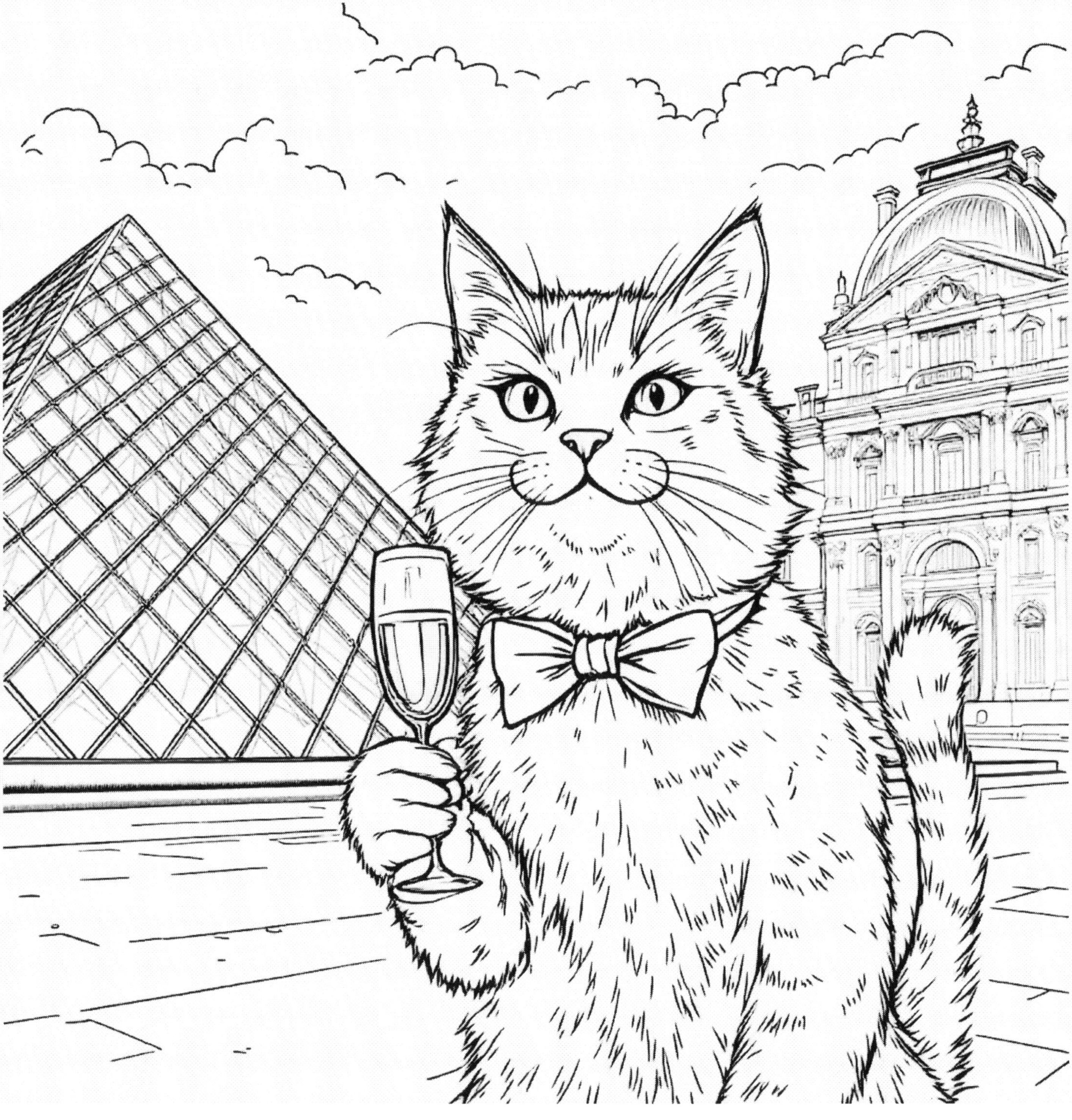

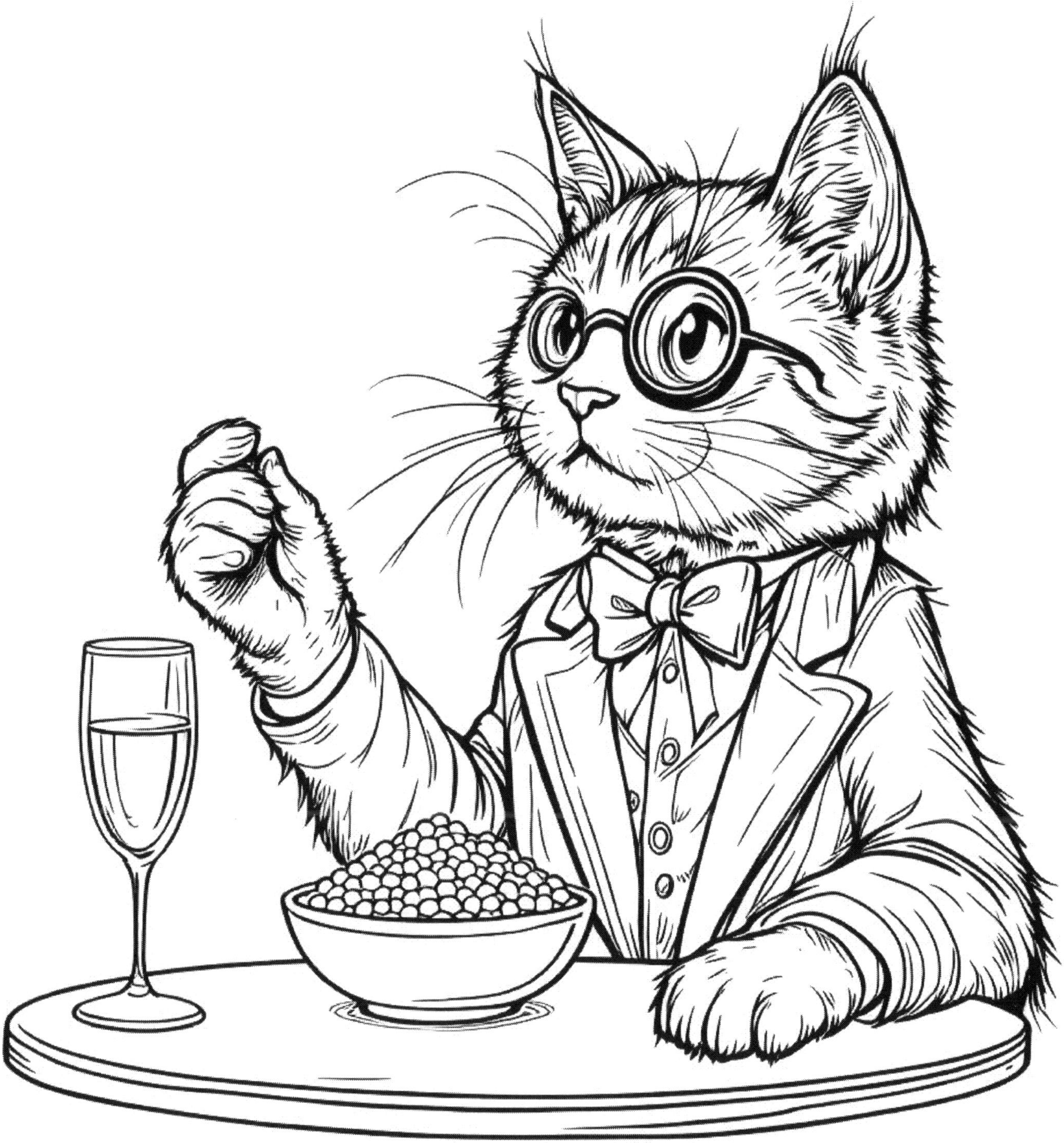

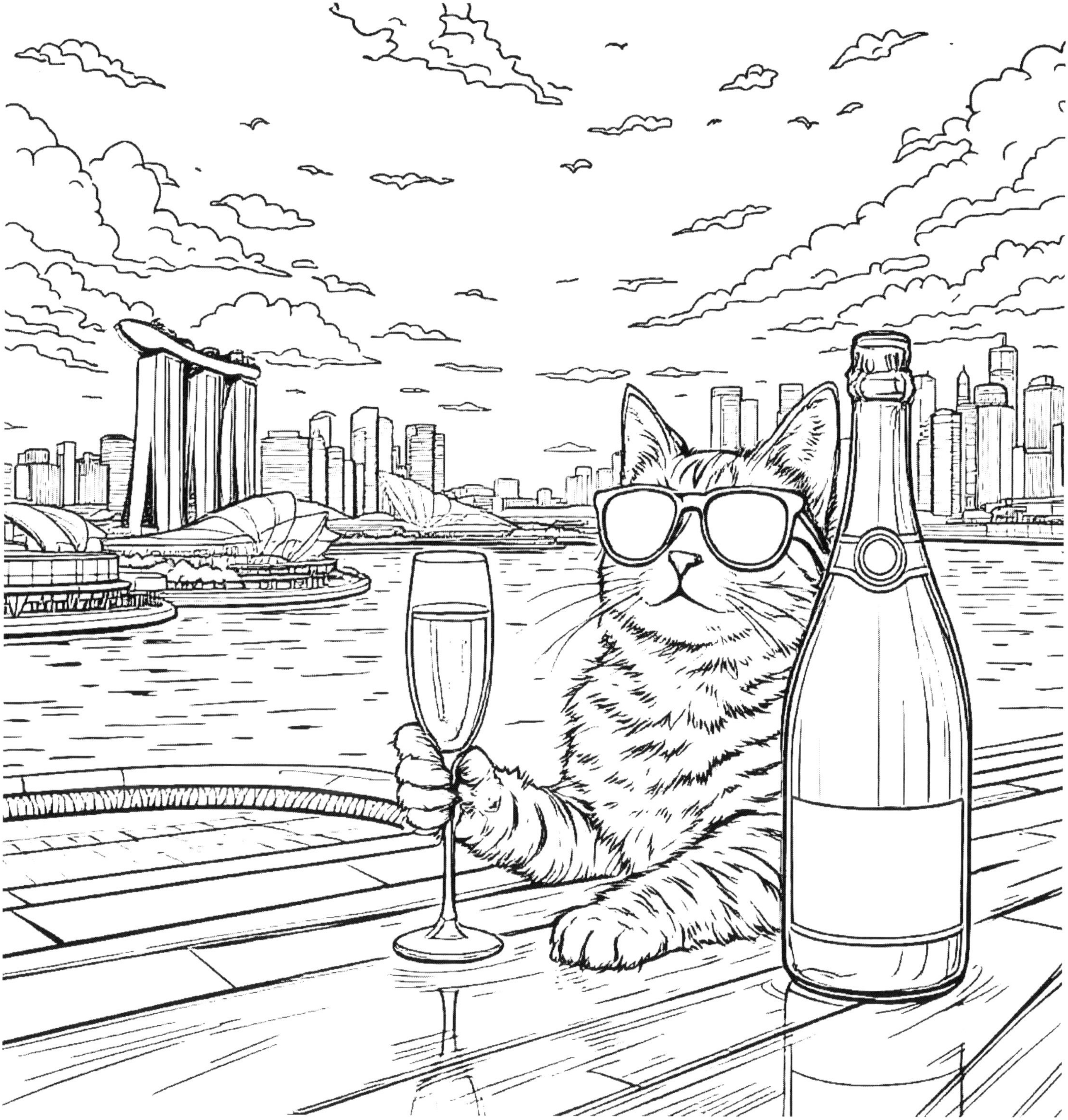

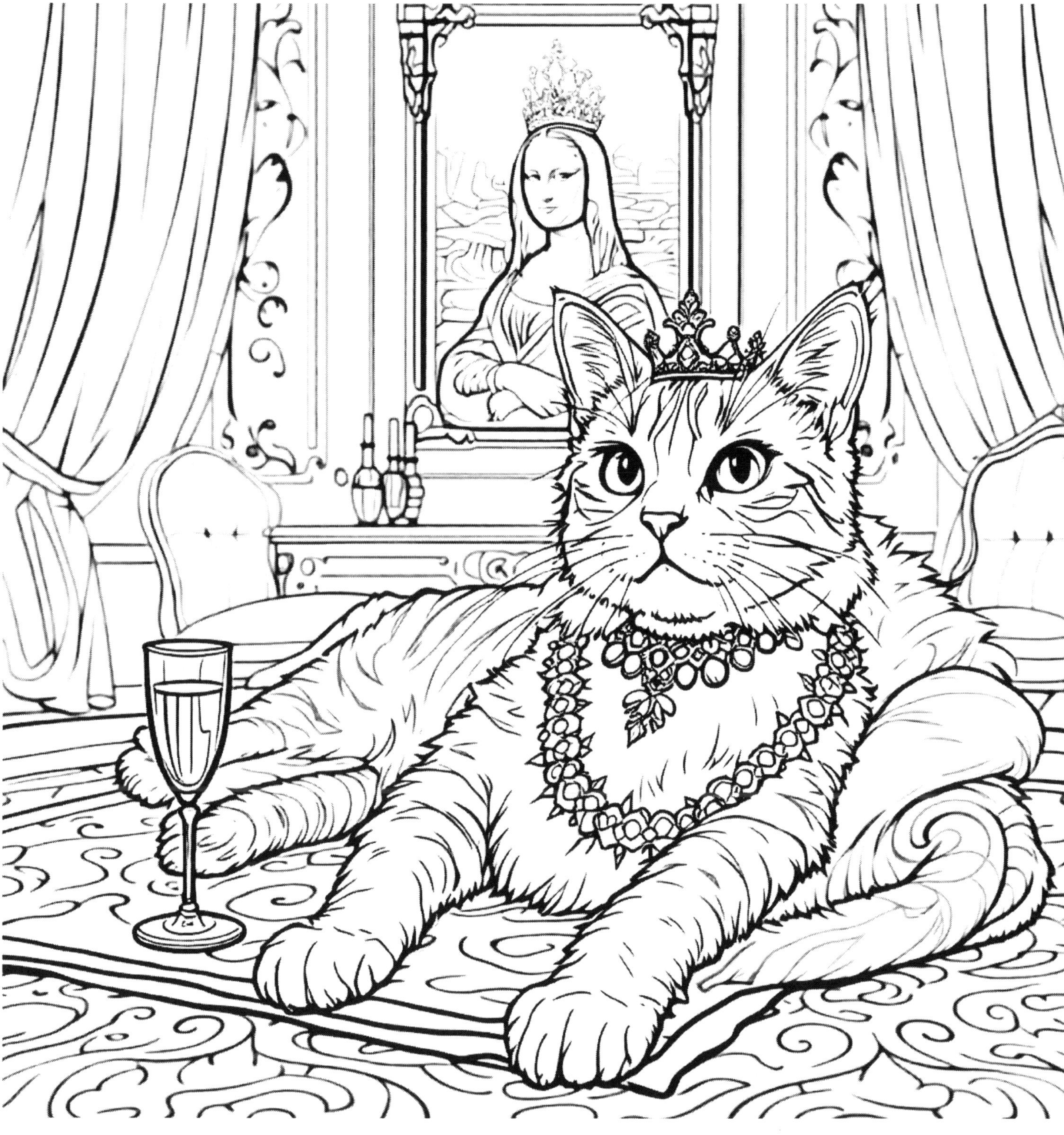

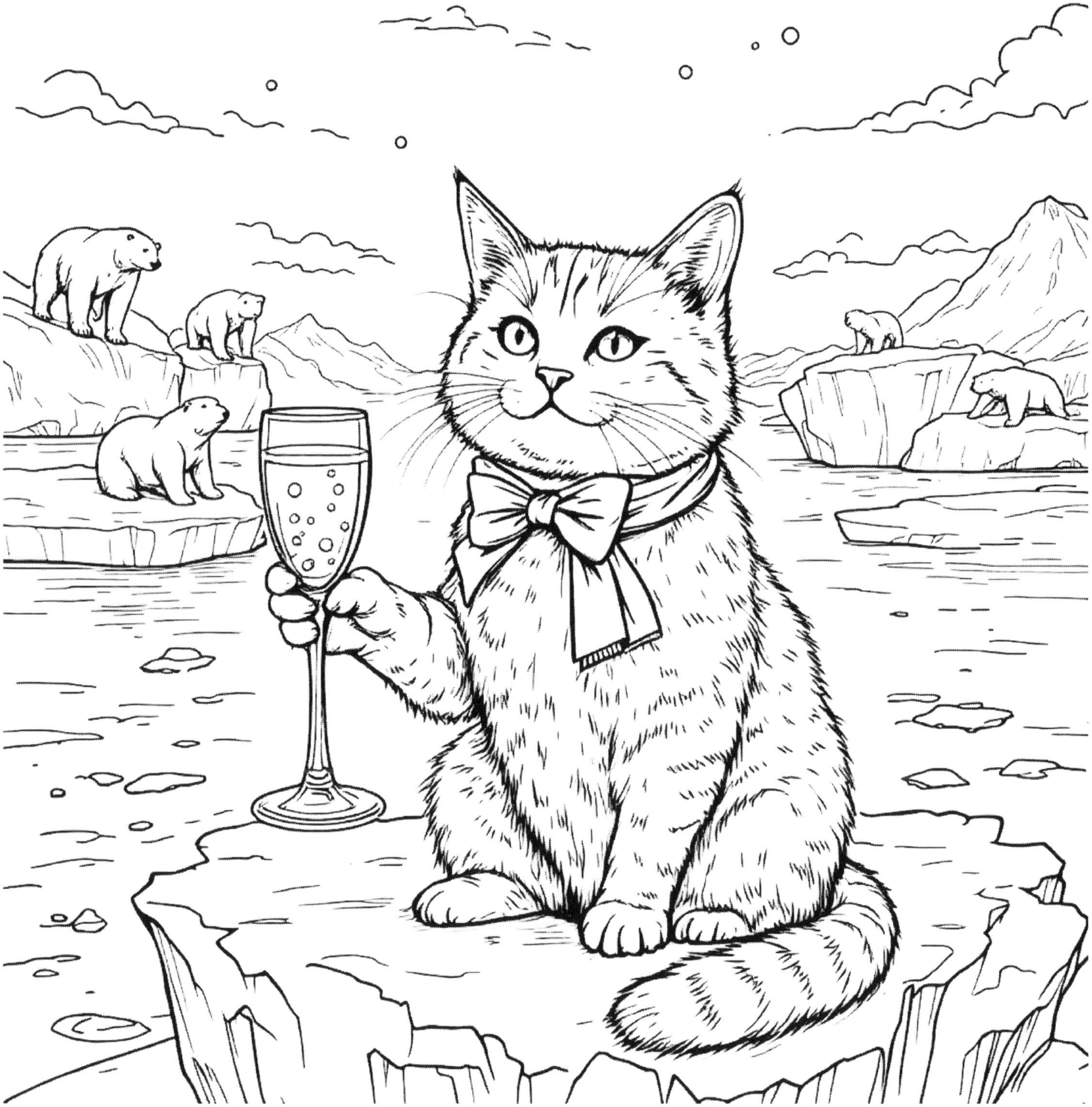

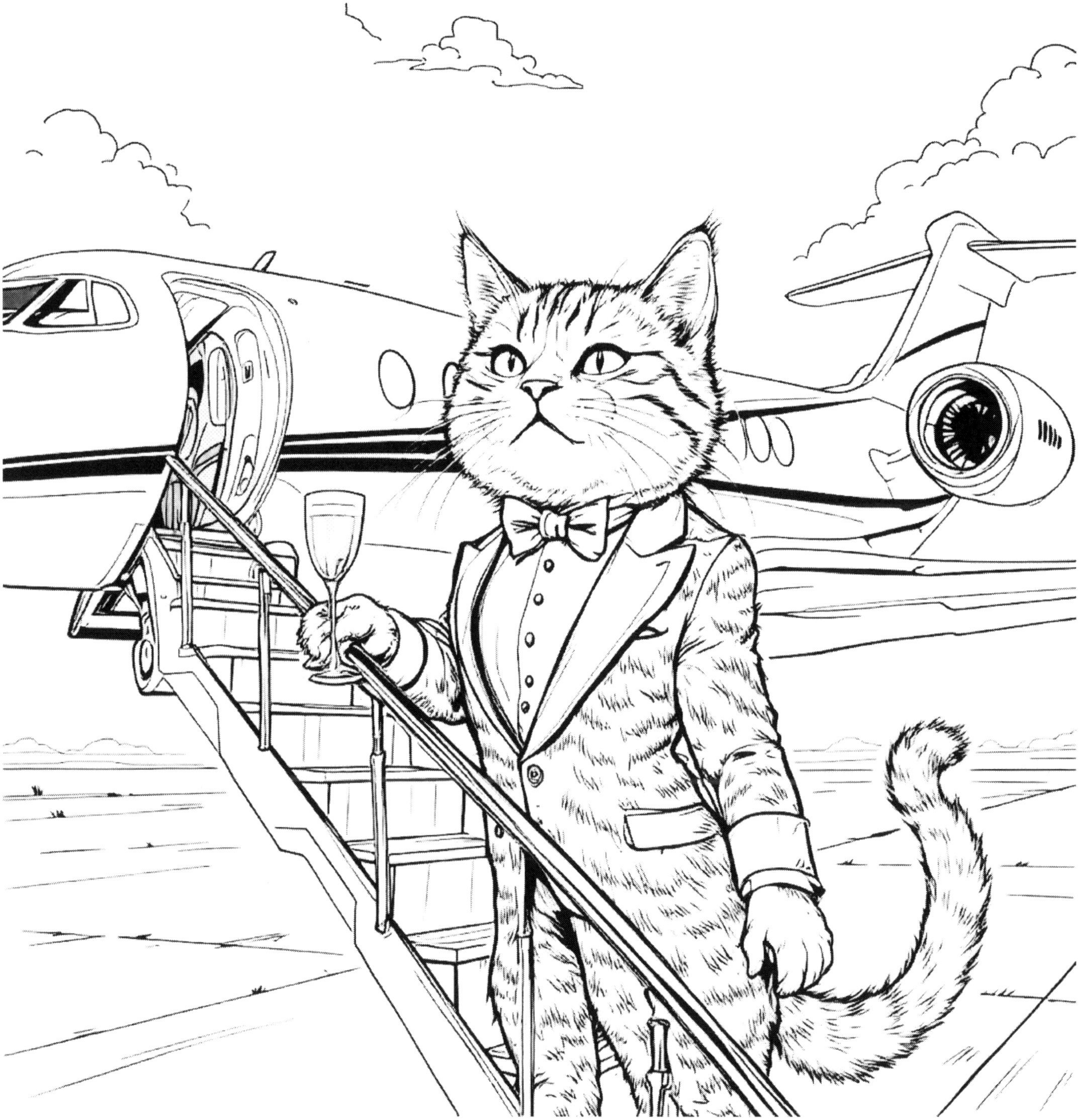

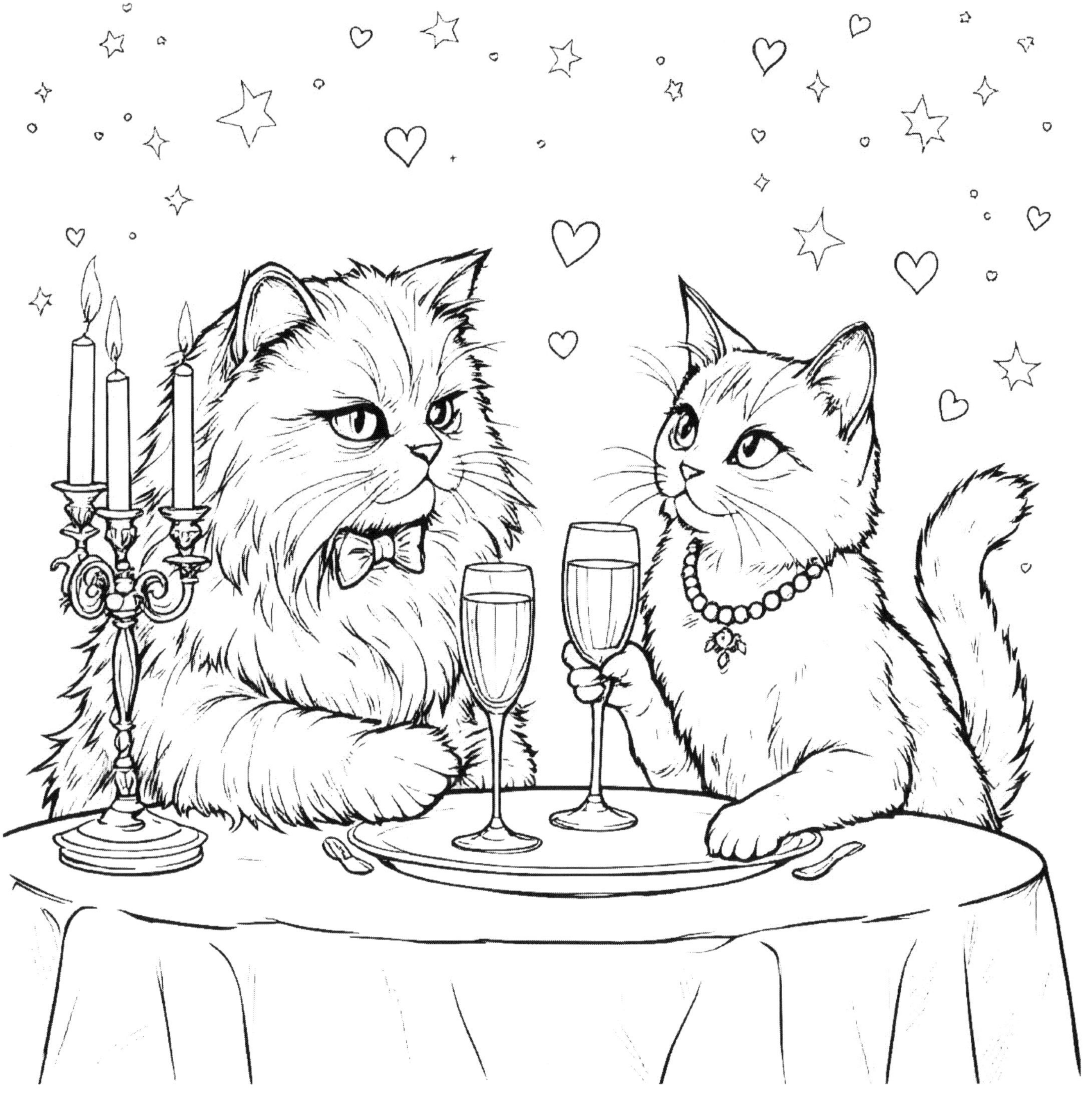

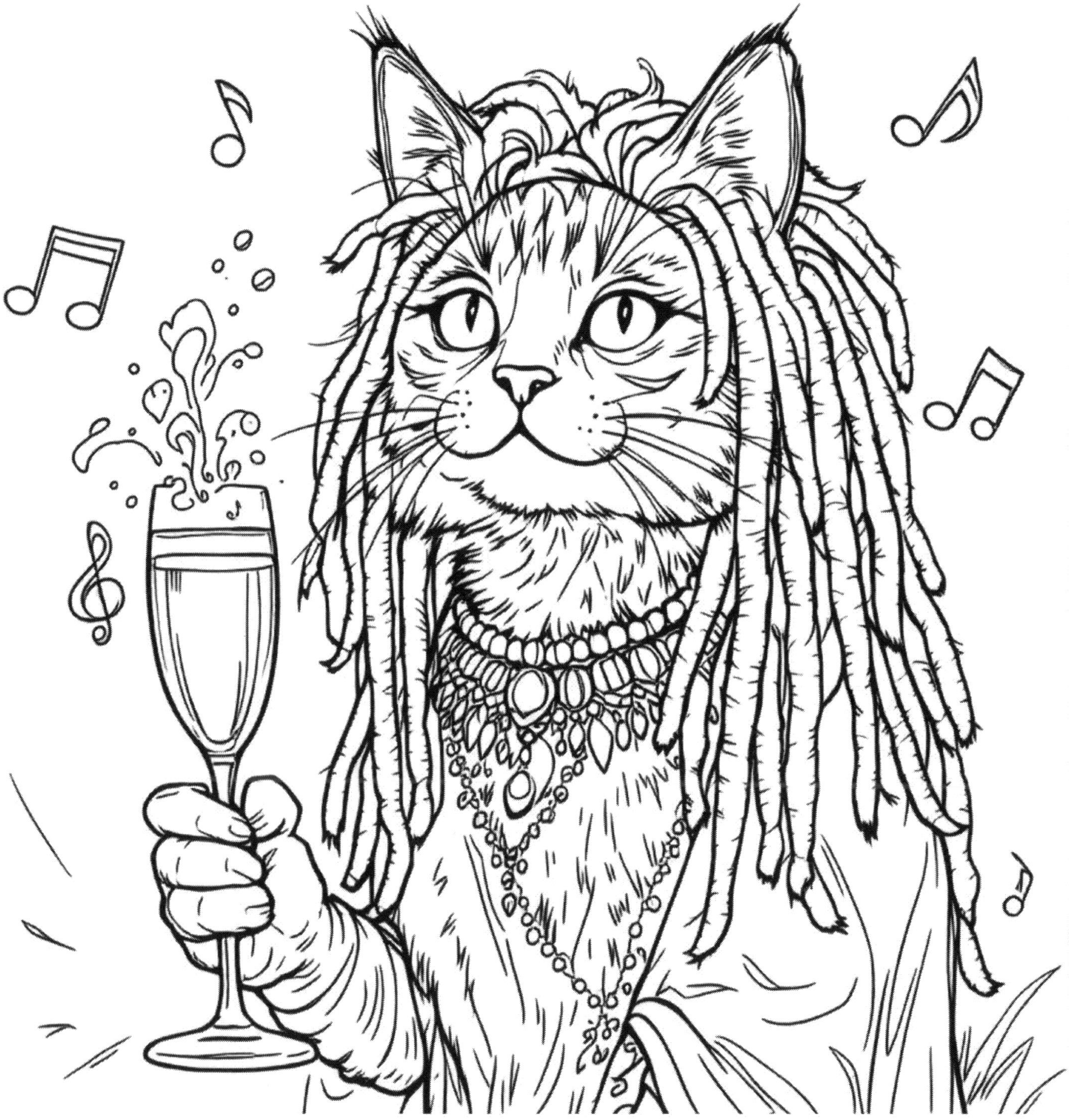

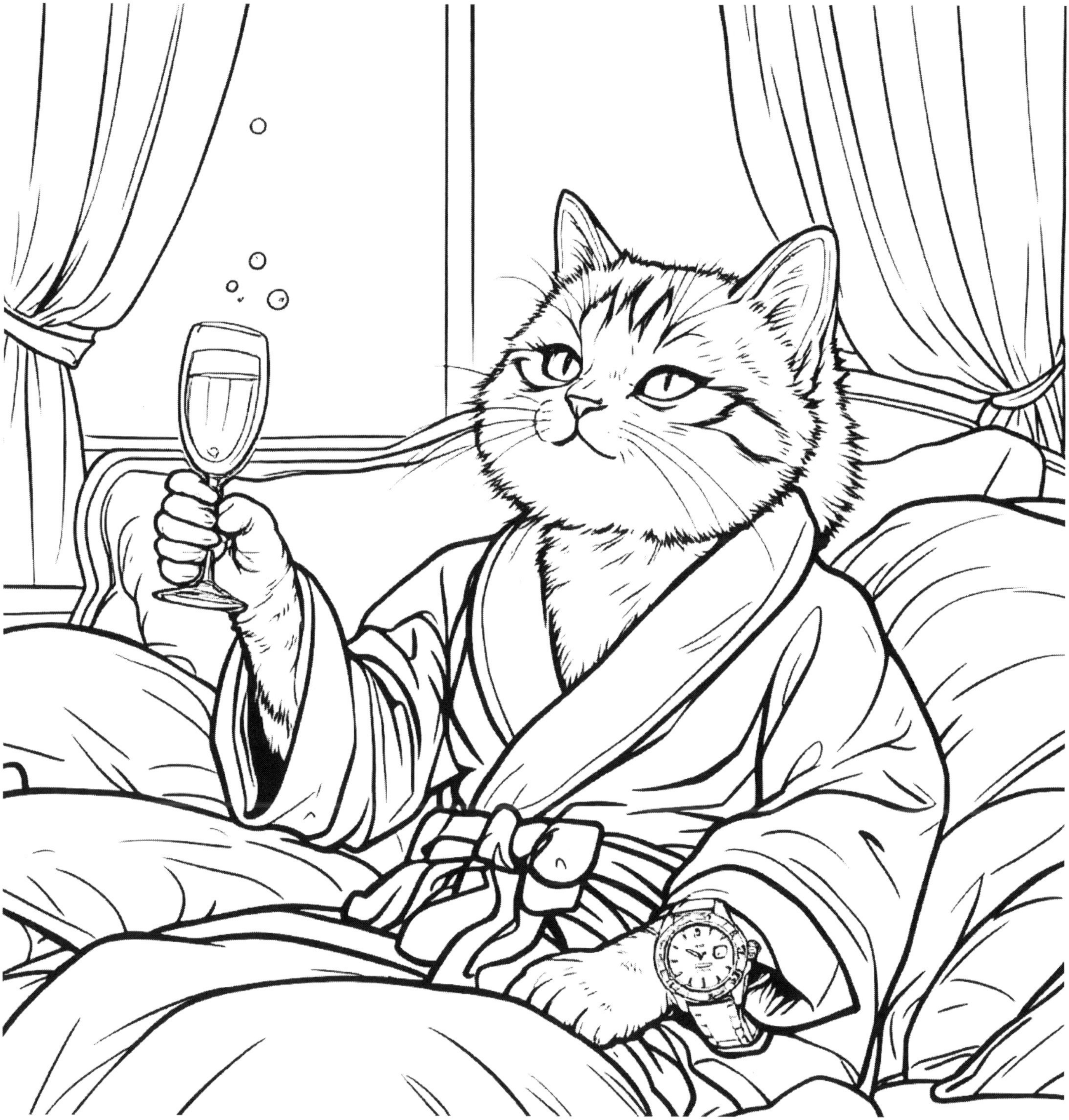

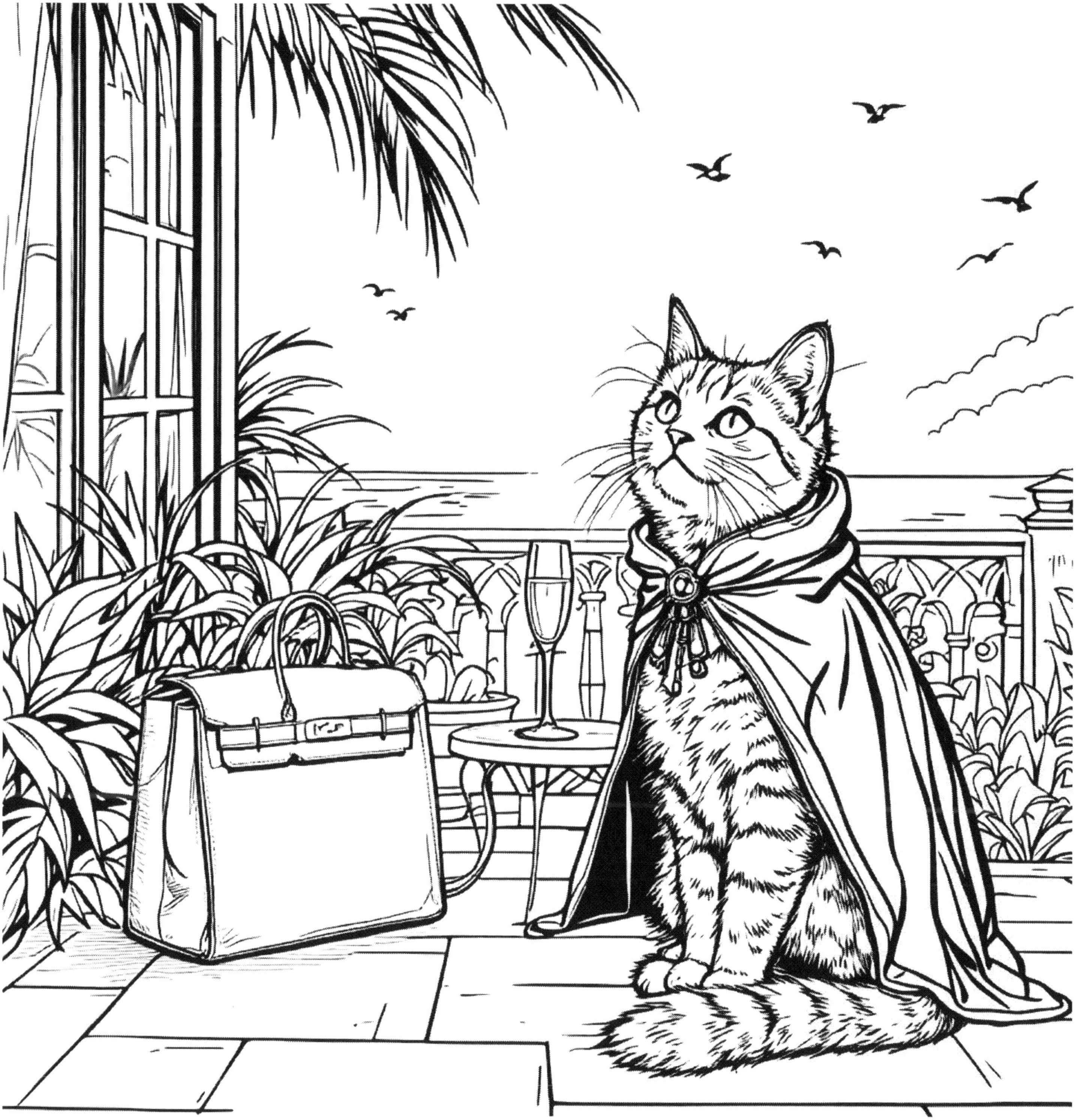

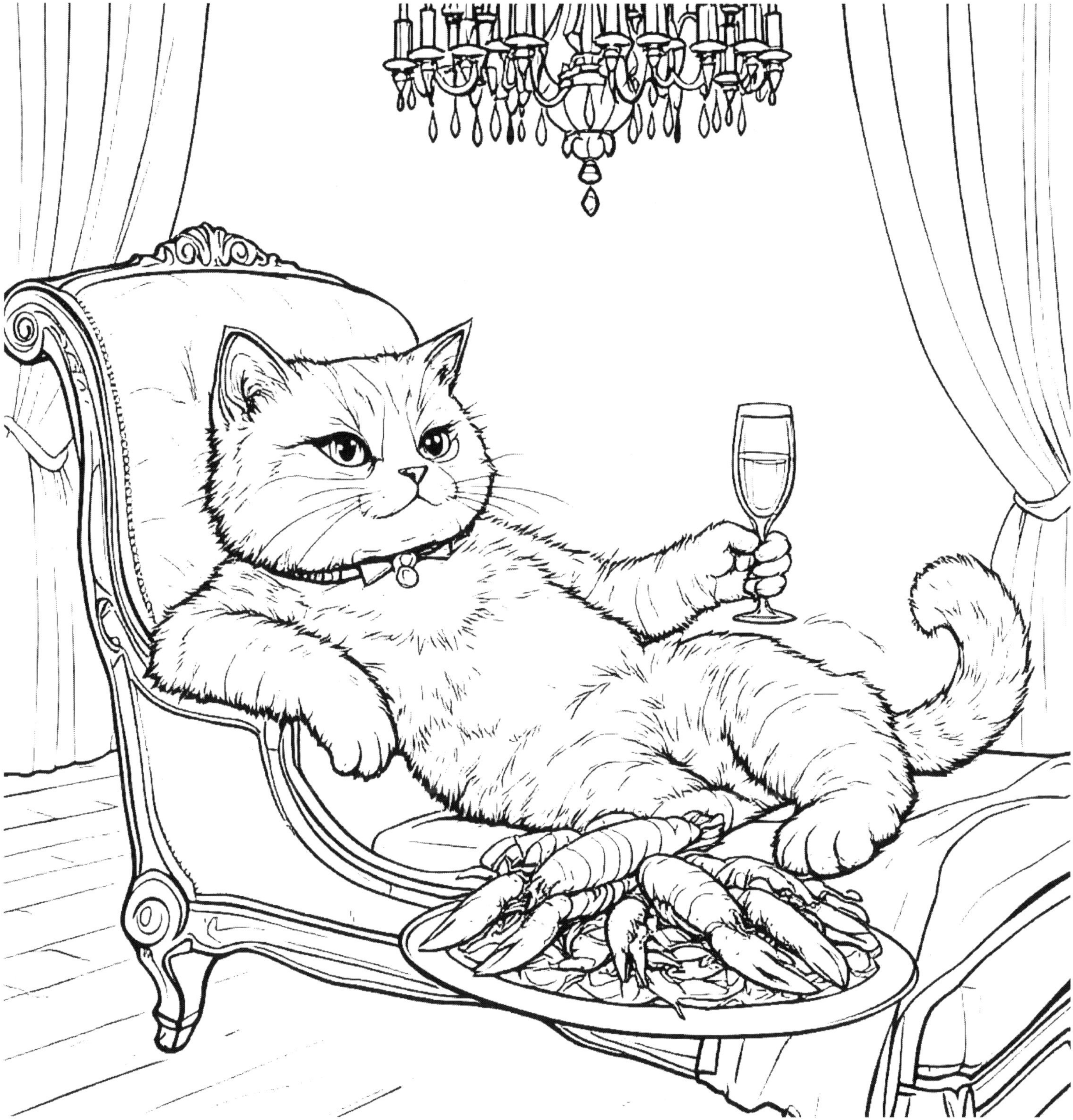

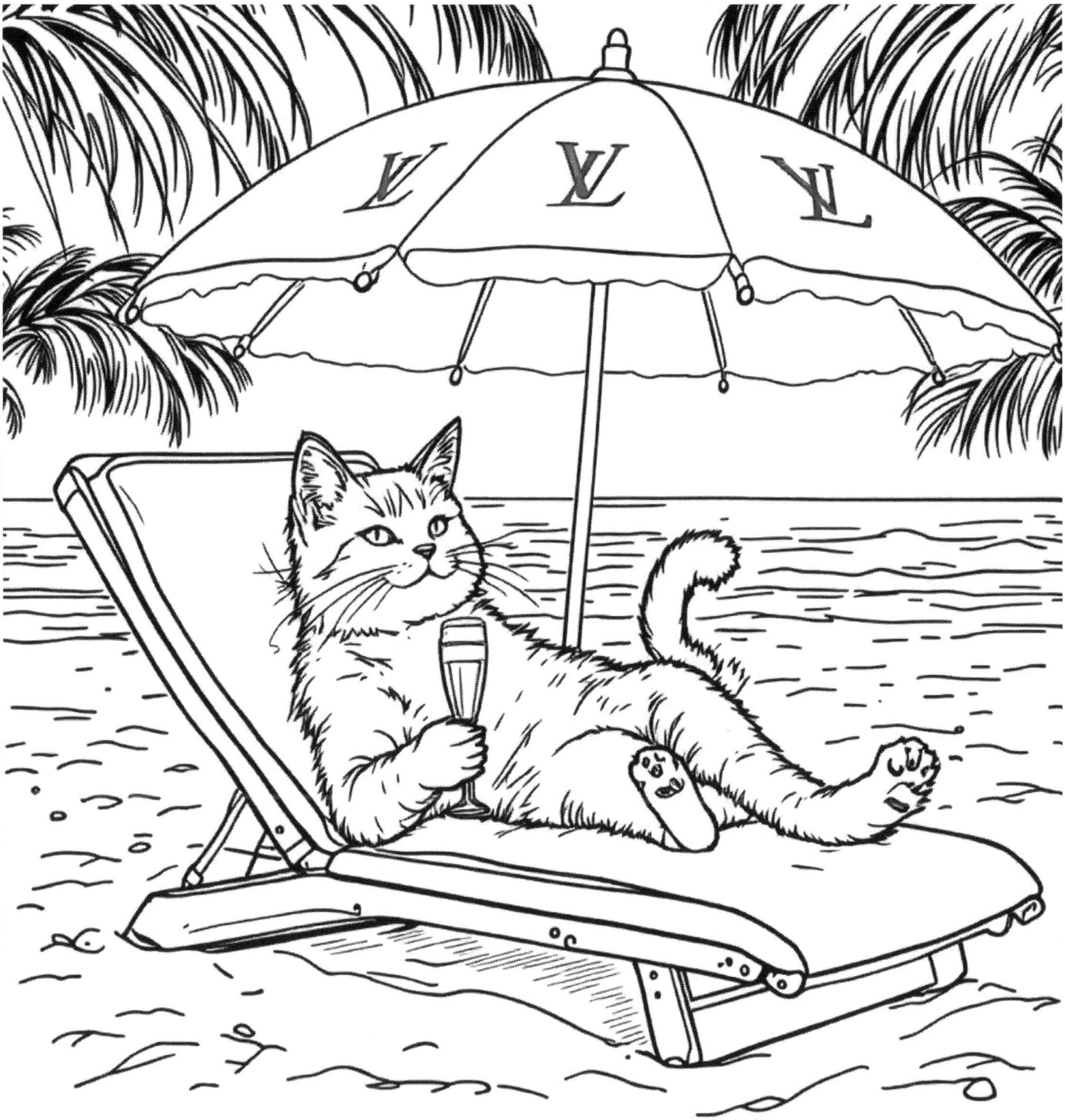

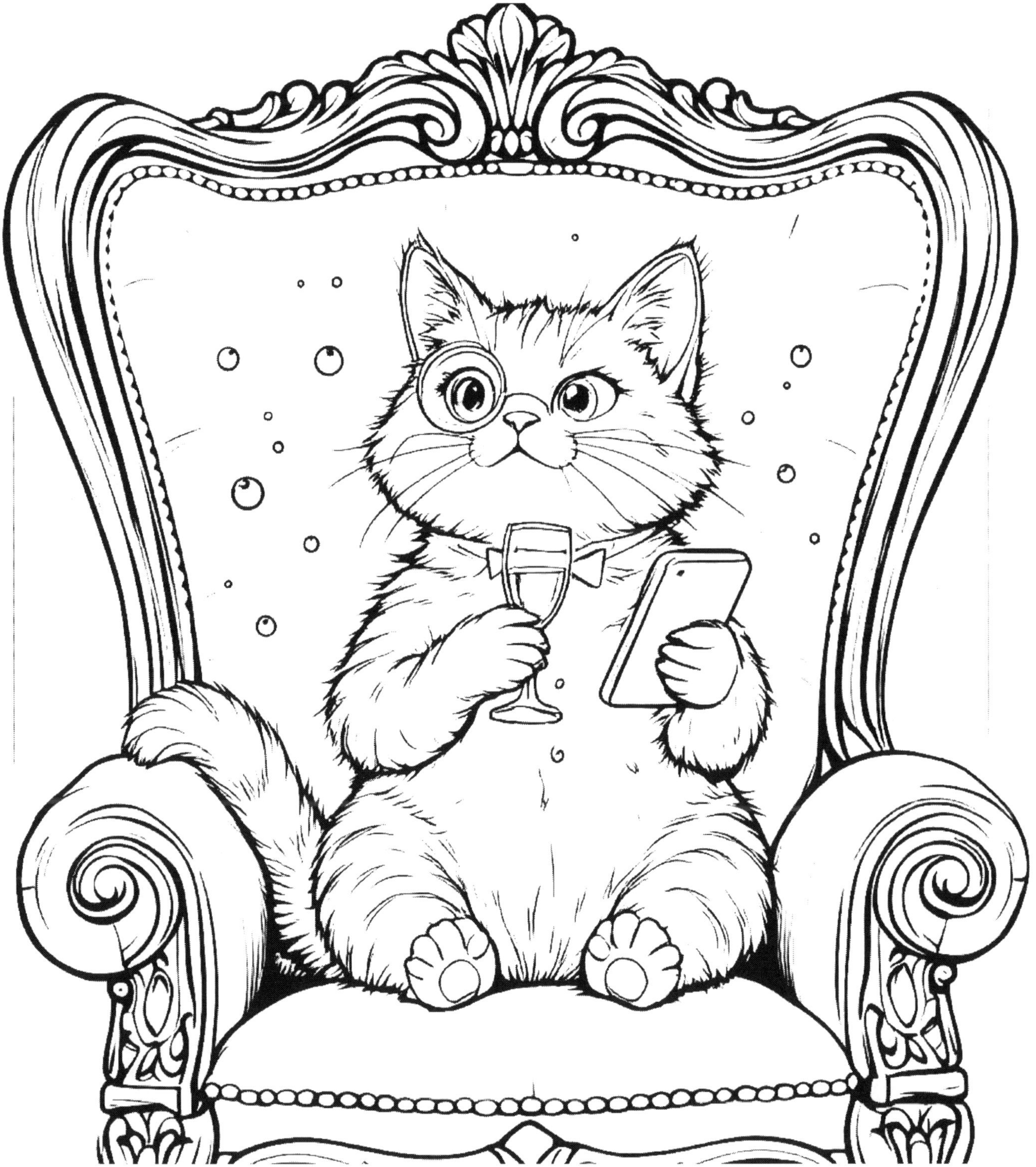

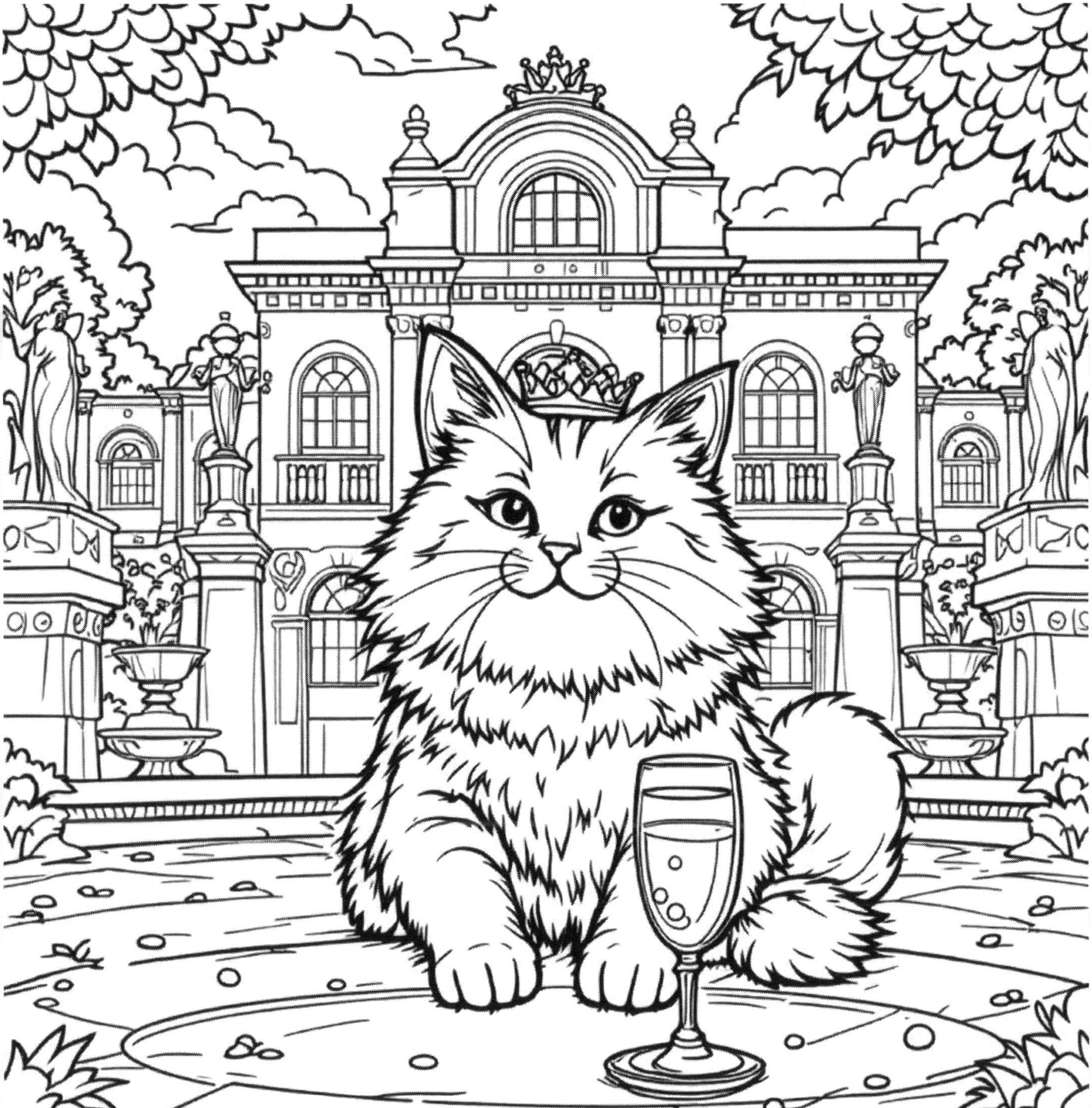

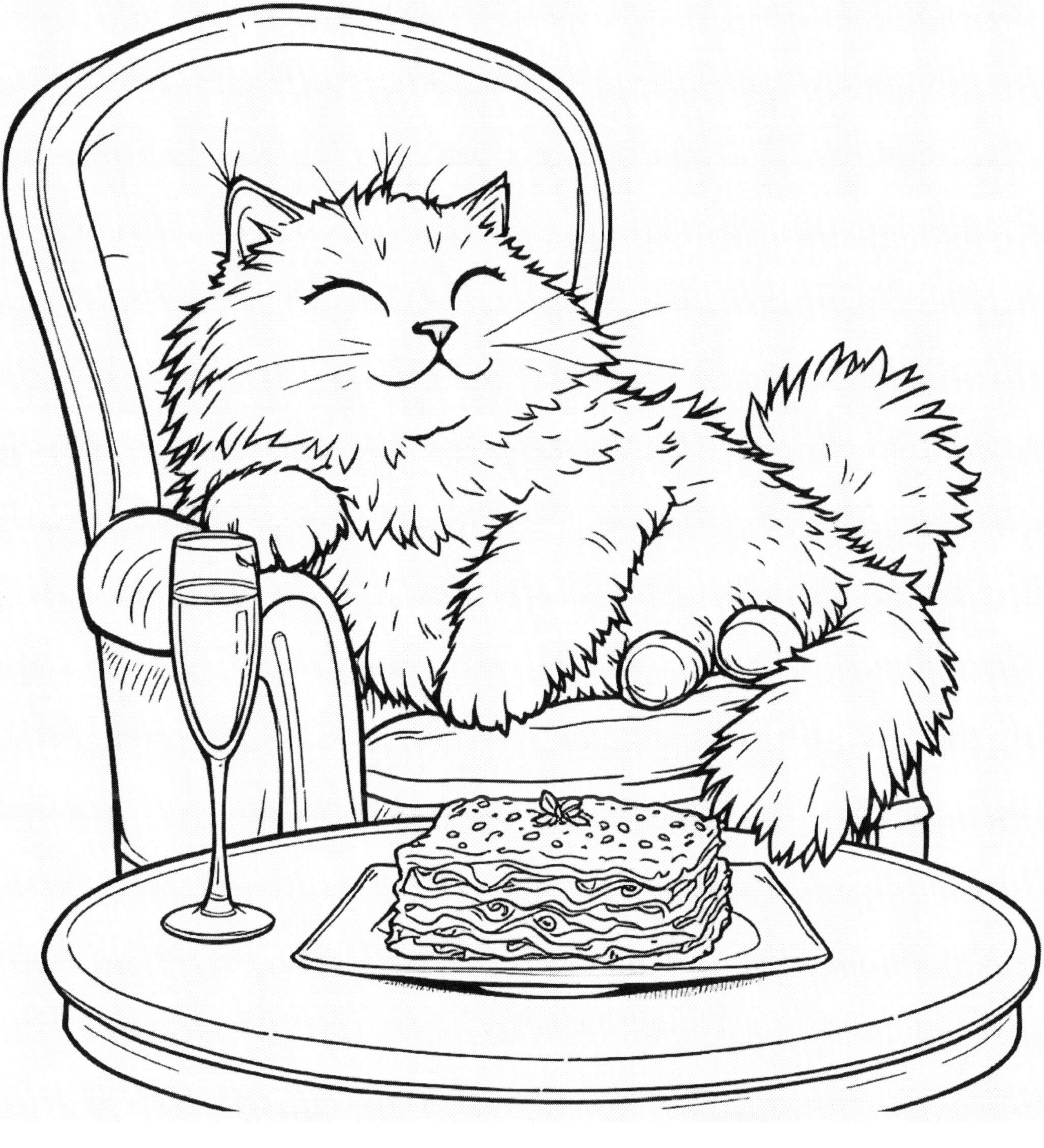

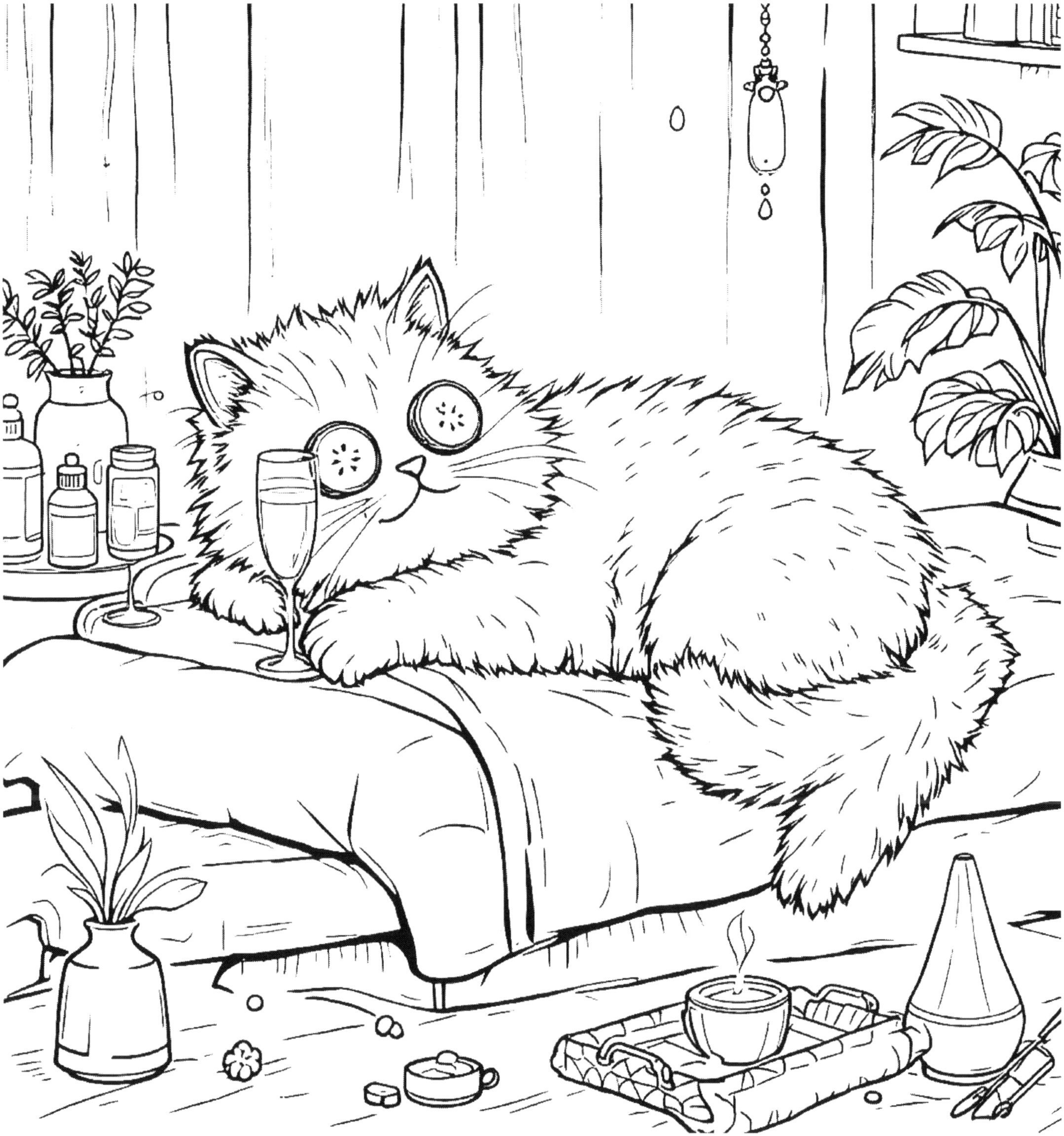

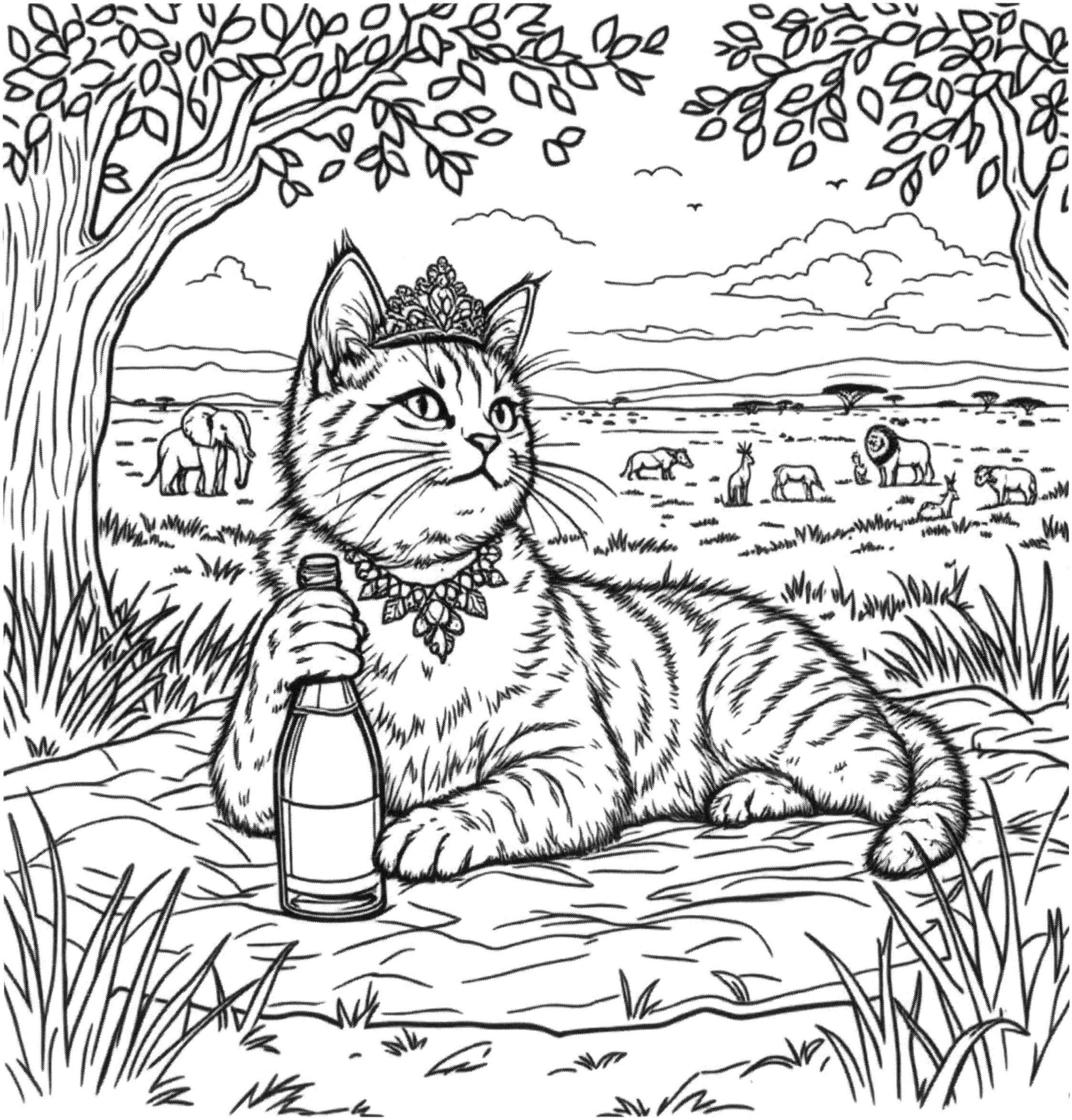

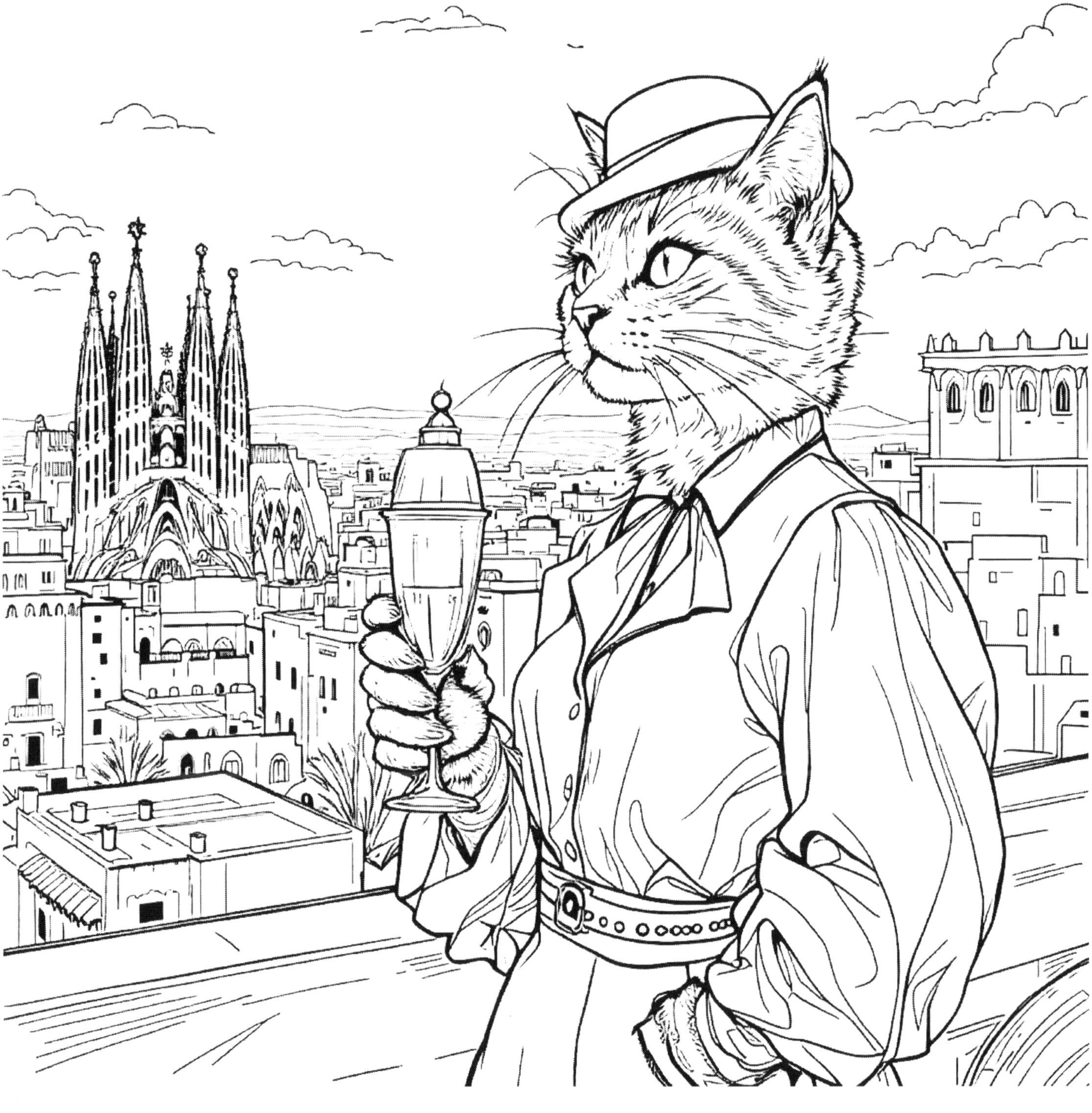

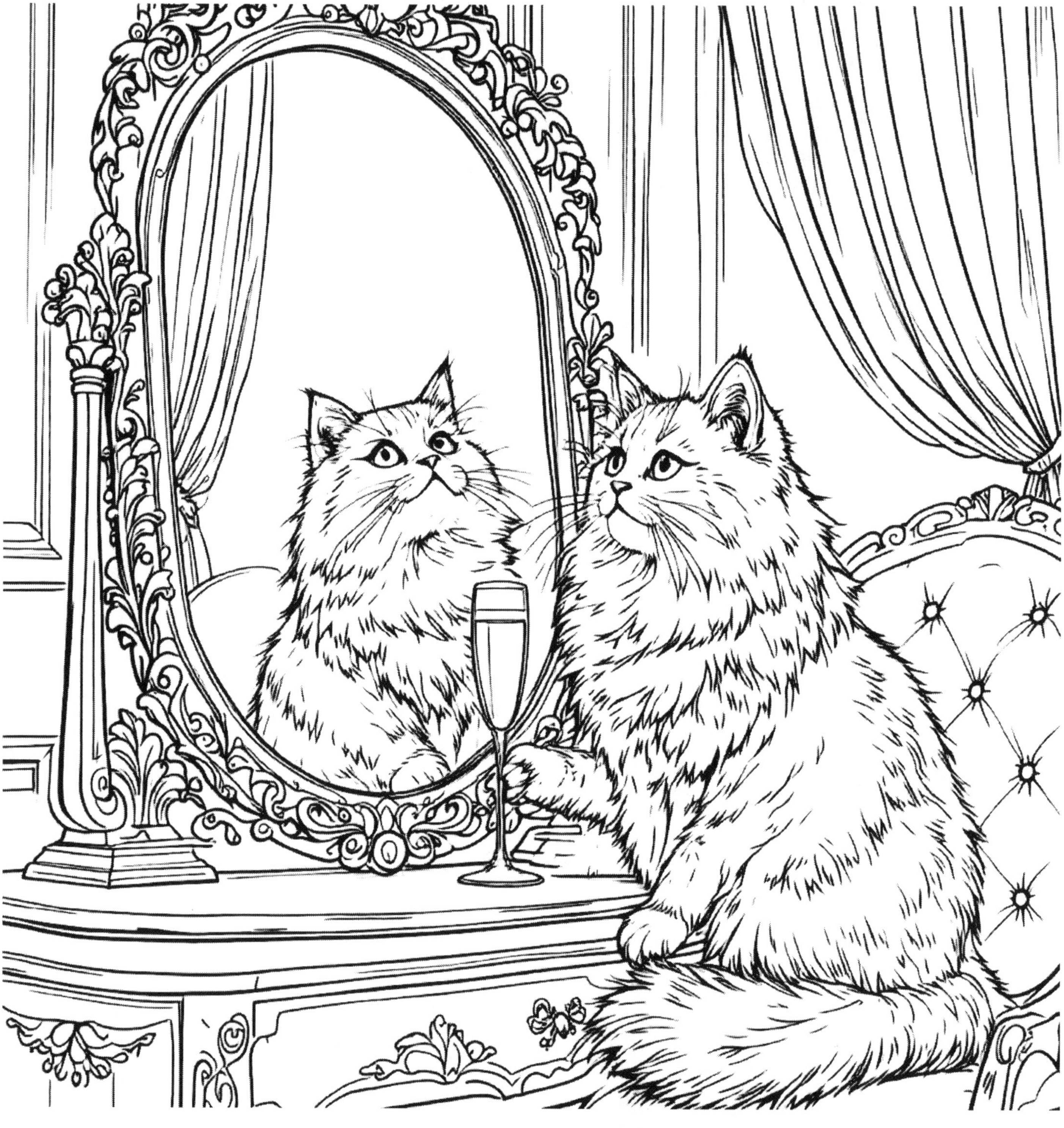

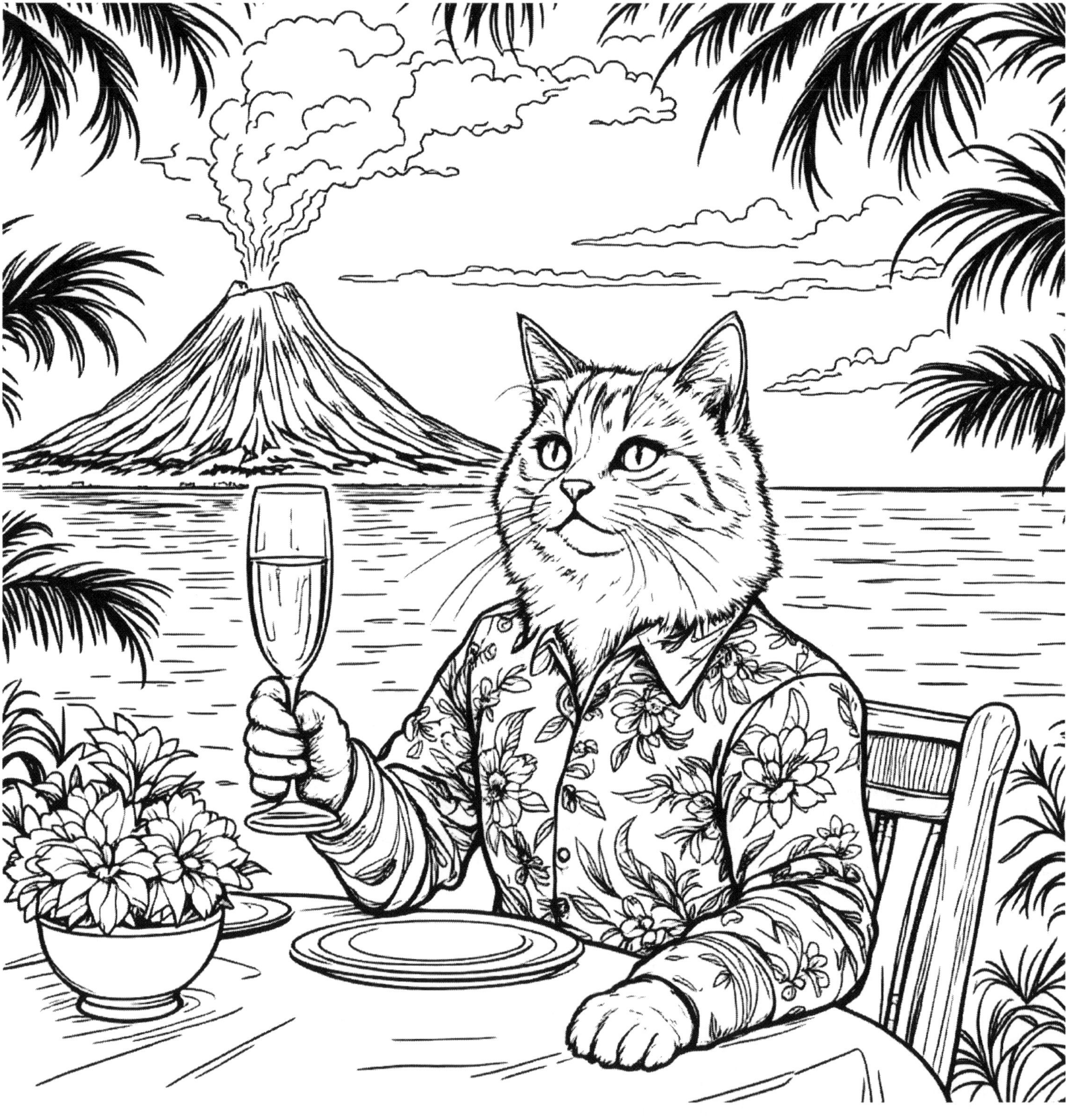

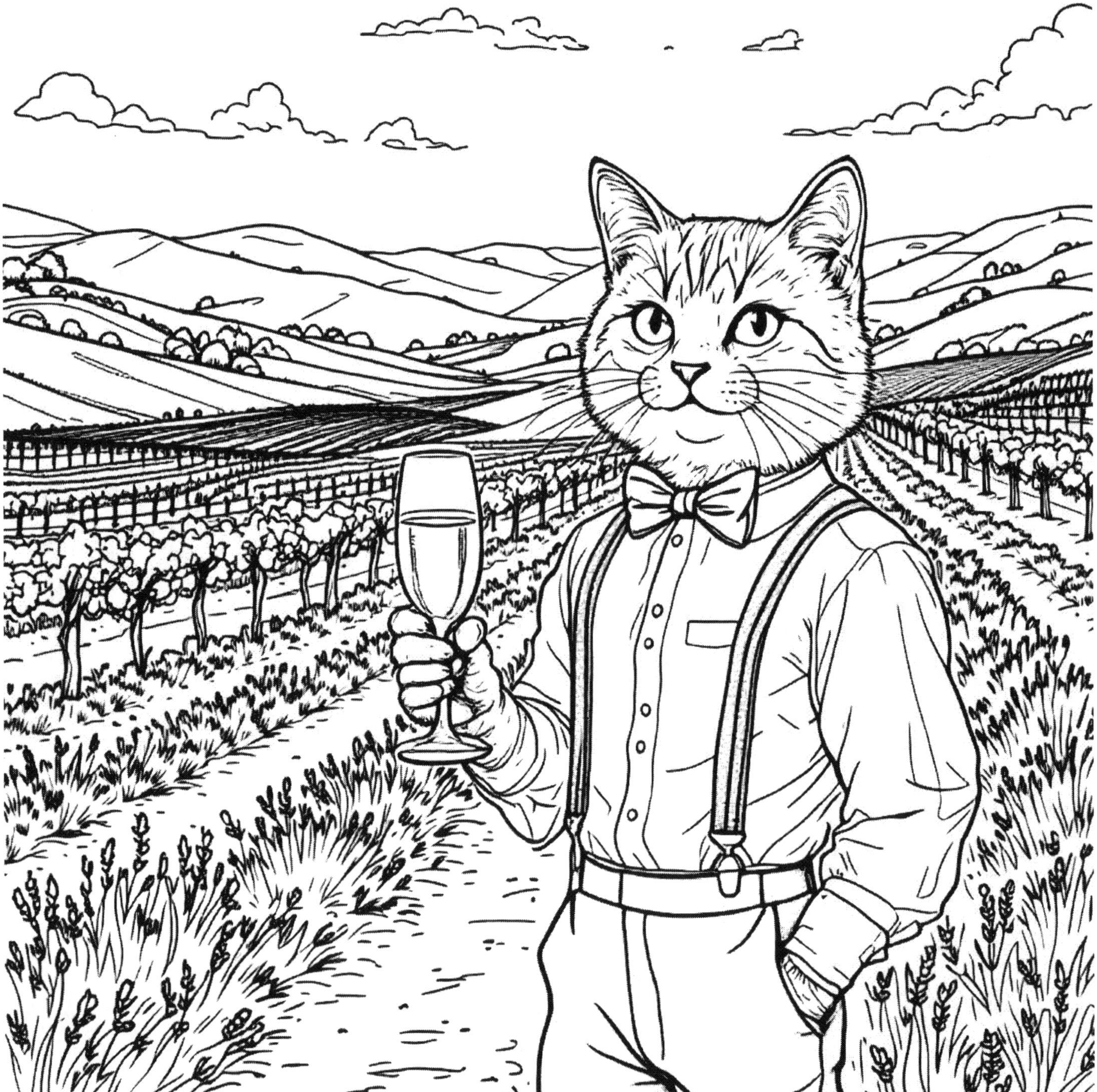

@achrcreative

THANK YOU

ePeak Arts

Copyright ©
All rights reserved.

www.ePeakArts.com

"To all those kind hearts seeking the grace of light, inspiration, and the essentials of life, may "Realization" warmly embrace you. It transforms into a personal wellspring of radiance, offering you a canvas to nurture your sensitivity and discover the inherent simplicity of your being. As you infuse vibrant colors into these distinctive illustrations with its straightforward and essential strokes, may your heart blossom."

"A todos aquellos corazones bondadosos que buscan la gracia de la luz, la inspiración y lo esencial de la vida, que "Realización" los abrace tiernamente. Se transforma en una fuente personal de resplandor, ofreciéndoles un lienzo para nutrir su sensibilidad y descubrir la simplicidad inherente de tu ser. Mientras llenas de colores vibrantes en estas ilustraciones distintivas con sus trazos sencillos y esenciales, que tu corazón florezca."

How to use this Coloring Book

Why are Guidelines important for a coloring book?

As in any game, they set the ground for a fulfilling experience. They will guide you on being fully present in the creative process, fostering a deep understanding of yourself and the world around you. Each drawing holds its own significant message. So, whenever you finish your painting, you can pull the page apart, holding its insightful message.

Prepare your space: Find a comfortable work space where you feel at ease. Add soothing music and/or a pleasant fragrance for a delightful experience. This is your quality time. Set the tone for yourself to be free and to fully enjoy it.

Choose your drawing: Just like selecting a path to happiness, choose the drawing that resonates with you. Each offers a unique way to a significant passage.

The present moment: Begin with a few deep breaths. Close your eyes briefly and set an intention for your coloring session. It's your opportunity to explore your heart with joy in the details.

Color with Attention: As you start coloring, savor each moment. Let your mind fuse in the act of coloring. Watch as your creation unfolds, bringing joy and stillness within.

Reflect and Discover: After your coloring practice, take a moment to reflect. Record your thoughts and insights. 'Realization' is a canvas for your inner explorations.

Art serves as a conscious and profoundly significant catalyst for humanity, nurtures the soul, brightens the mind, and propels individuals to exceed their own expectations. It instills the Realization that being human is indeed Super, as it empowers individuals to recognize the limitless potential within themselves and celebrate the extraordinary capabilities of humanity.

"Far and away, the best prize that life offers is the chance to work hard at work worth doing." - **Theodore Roosevelt**

Cómo utilizar este libro para colorear

¿Por qué son importantes las pautas para un libro para colorear?

Como en cualquier juego, sientan las bases para una experiencia satisfactoria. Te guiarán para estar plenamente presente en el proceso creativo, fomentando una comprensión profunda de ti mismo y del mundo que te rodea. Cada dibujo contiene su propio mensaje significativo. Entonces, cada vez que termines tu pintura, puedes separar la página y contener su mensaje revelador.

Prepara tu espacio: busca un espacio de trabajo cómodo y donde te sientas a gusto. Agregue música relajante y/o una fragancia agradable para vivir una experiencia placentera. Este es tu tiempo de calidad. Establece el tono para que seas libre y lo disfrutes plenamente.

Elige tu dibujo: Al igual que seleccionas un camino hacia la felicidad, elige el dibujo que resuena contigo. Cada uno ofrece una manera única de llegar a un pasaje significativo.

El momento presente: comience con unas cuantas respiraciones profundas. Cierra los ojos brevemente y establece una intención para tu sesión de colorear. Es tu oportunidad de explorar tu corazón con alegría en los detalles.

Colorea con atención: cuando empieces a colorear, saborea cada momento. Deja que tu mente se fusione en el acto de colorear. Observa cómo se desarrolla tu creación, trayendo alegría y quietud a tu interior.

Reflexiona y descubre: después de tu práctica de colorear, tómate un momento para reflexionar. Registre sus pensamientos e ideas. La 'Realización' es un lienzo para tus exploraciones interiores.

El arte sirve como un catalizador consciente y profundamente significativo para la humanidad, nutre el alma, ilumina la mente e impulsa a las personas a superar sus propias expectativas. Inculca la Realización de que ser humano es realmente Super, ya que permite a los individuos reconocer el potencial ilimitado dentro de sí mismos y celebrar las extraordinarias capacidades de la humanidad.

*"El mejor premio que ofrece la vida es la oportunidad de trabajar duro en un trabajo que vale la pena hacer". - **Theodore Roosevelt***

*"To send Light into the darkness of men's hearts
- Such is the duty of the Artist."*

- Robert Schumann

*"Para enviar Luz a la oscuridad de
los corazones de los hombres.
- Tal es el deber del Artista."*

- Robert Schumann

INTRODUCTION TO MANDALAS

From the ancient Sanskrit word "circle," a mandala represents wholeness, unity, and the infinite nature of life. Mandalas are more than intricate designs found across cultures and traditions; they are sacred symbols of the universe, reflecting the profound connection between all living things and the natural order. The mandala's circular form echoes life's cycles—the rising and setting of the sun, the changing seasons, and the eternal rhythm of the cosmos.

The origin of mandalas traces back to the Rig Veda, one of the world's oldest texts, where they were revered as tools for spiritual growth and enlightenment. Over centuries, mandalas have transcended their spiritual roots, appearing in art, architecture, and meditative practices worldwide. The sacred geometry within a mandala is a universal language that resonates deeply with the human spirit, offering a gateway to inner peace, transformation, and self-awareness.

At the heart of many mandalas lies the Seed of Life, a simple yet profound geometric pattern consisting of seven interlocking circles. It symbolizes creation, interconnectedness, and the origins of existence. Expanding from this foundation, the Flower of Life emerges—a harmonious arrangement of overlapping circles forming a complex, infinite pattern. This design is celebrated as a blueprint of the universe, embodying the unity of the physical and spiritual realms.

The number 48 holds particular significance in mandalas, representing balance and completeness. This number often corresponds to the divisions of sacred geometry within a mandala, reminding us of the perfect harmony found in nature and within ourselves. Every element of a mandala's design—from the smallest detail to the grandest pattern—speaks of the organic forms surrounding us. From the spirals of galaxies to the petals of a flower, nature mirrors the symmetry and beauty of mandalas.

When you engage with a mandala, whether by observing or creating one, you embark on a journey of self-discovery. Coloring mandalas is more than a creative act; it is a mindful practice that calms the mind, opens the heart, and invites you to reflect on your connection to the greater whole. Each line and curve becomes a step inward, a reminder that transformation begins from within.

In this book, you are invited to immerse yourself in the timeless beauty of mandalas, exploring their symbolic power to inspire mindfulness, creativity, and personal growth. Let each page be a sanctuary, a space to reconnect with your truest self and the natural harmony surrounding you.

INTRODUCCIÓN A LOS MANDALAS

Un mandala, proveniente de la antigua palabra sánscrita que significa "círculo," representa la totalidad, la unidad y la naturaleza infinita de la vida. Los mandalas son mucho más que diseños intrincados encontrados en diversas culturas y tradiciones; son símbolos sagrados del universo que reflejan la profunda conexión entre todos los seres vivos y el orden natural. La forma circular del mandala evoca los ciclos de la vida: el amanecer y el ocaso, las estaciones que cambian y el ritmo eterno del cosmos.

El origen de los mandalas se remonta al Rig Veda, uno de los textos más antiguos del mundo, donde se veneraban como herramientas para el crecimiento espiritual y la iluminación. A lo largo de los siglos, los mandalas han trascendido sus raíces espirituales, apareciendo en el arte, la arquitectura y las prácticas meditativas de todo el mundo. La geometría sagrada contenida en un mandala es un lenguaje universal que resuena profundamente con el espíritu humano, ofreciendo un portal hacia la paz interior, la transformación y el autoconocimiento.

En el corazón de muchos mandalas yace la Semilla de la Vida, un patrón geométrico simple pero profundo compuesto por siete círculos entrelazados. Simboliza la creación, la interconexión y los orígenes de la existencia. Expandiéndose desde esta base, emerge la Flor de la Vida: una disposición armoniosa de círculos superpuestos que forman un patrón infinito y complejo. Este diseño es celebrado como un plano del universo que encarna la unidad de los reinos físico y espiritual.

El número 48 tiene un significado particular en los mandalas, representando el equilibrio y la plenitud. Este número a menudo corresponde a las divisiones de la geometría sagrada dentro de un mandala, recordándonos la armonía perfecta que se encuentra en la naturaleza y dentro de nosotros mismos. Cada elemento del diseño de un mandala—desde los detalles más pequeños hasta los patrones más grandiosos—habla de las formas orgánicas que nos rodean. Desde las espirales de las galaxias hasta los pétalos de una flor, la naturaleza refleja la simetría y la belleza de los mandalas.

Interactuar con un mandala, ya sea observándolo o creándolo, es embarcarse en un viaje de autodescubrimiento. Colorear mandalas es más que un acto creativo; es una práctica consciente que calma la mente, abre el corazón e invita a reflexionar sobre tu conexión con el todo. Cada línea y curva se convierte en un paso hacia tu interior, un recordatorio de que la transformación comienza desde adentro.

En este libro, estás invitado a sumergirte en la belleza atemporal de los mandalas, explorando su poder simbólico para inspirar atención plena, creatividad y crecimiento personal. Permite que cada página sea un santuario, un espacio para reconectar con tu yo más auténtico y con la armonía natural que te rodea.

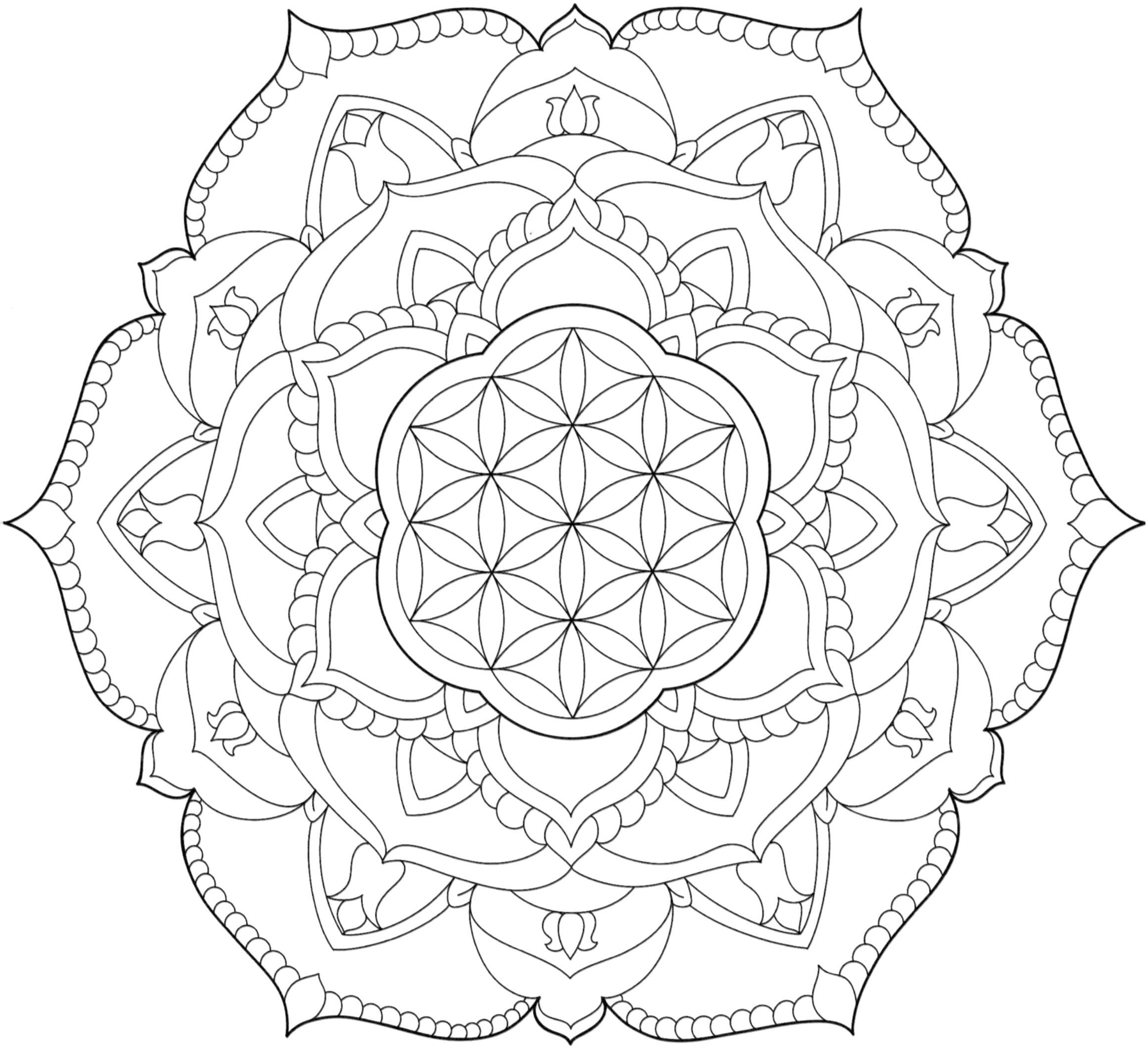

"Balance."

"Balance is not about perfection but embracing the dance of opposites within you. Let yourself be grounded in chaos and lifted in stillness, trusting that every step brings you closer to harmony."

"Equilibrio."

"El equilibrio no se encuentra en la perfección, sino en aceptar la danza de los opuestos dentro de ti. Déjate enraizar en el caos y elevar en la quietud, confiando en que cada paso te acerca a la armonía."

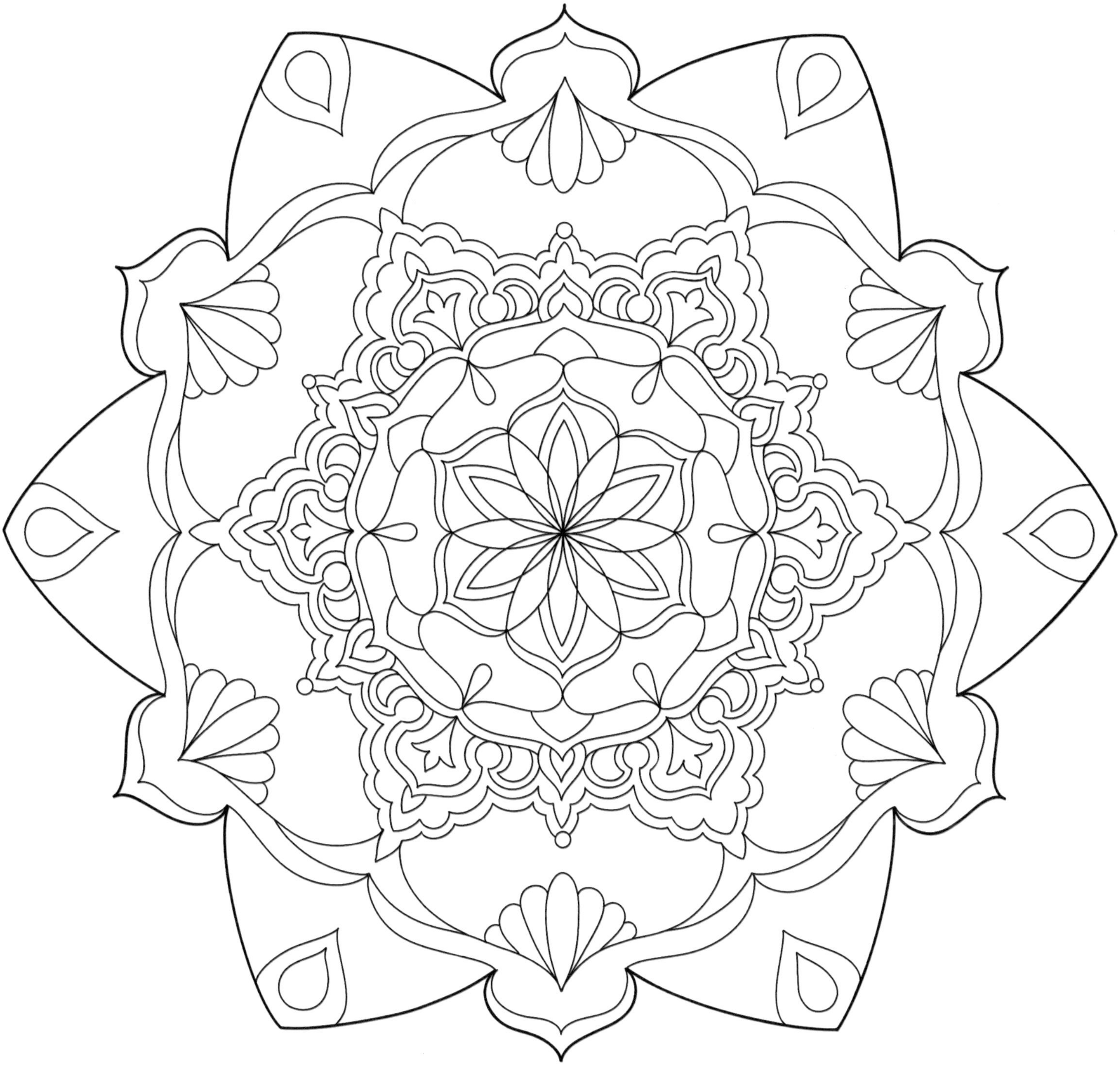

"Renewal."

"Renewal comes when you release what no longer serves you. Trust that every ending clears space for a beautiful beginning, and within life cycles, you are always transforming."

"Renovación."

"La renovación llega cuando te permites liberar lo que ya no te sirve. Confía en que cada final despeja el espacio para un hermoso comienzo, y en los ciclos de la vida siempre estás transformándote."

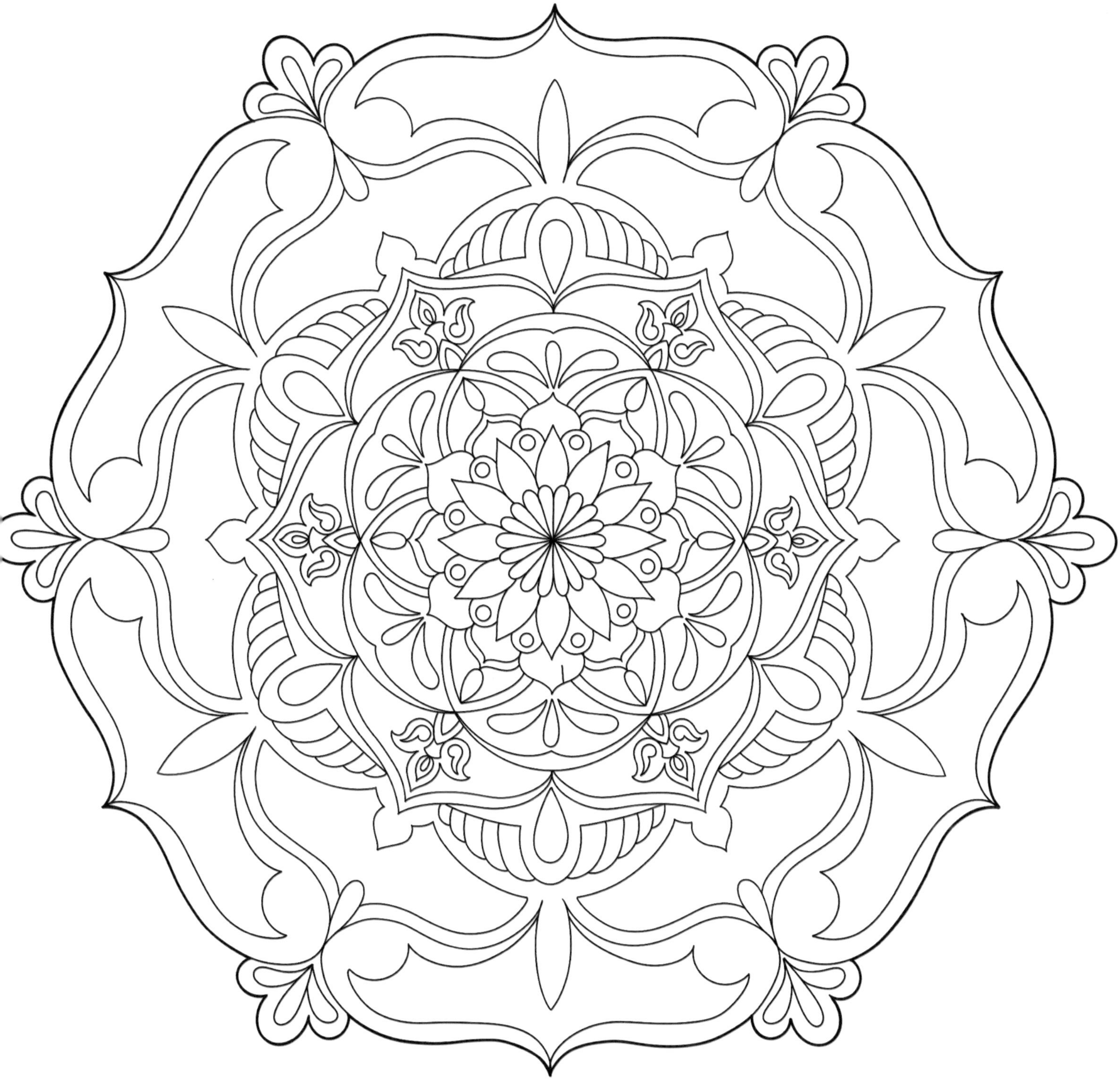

"Gratitude."

"Gratitude is the gentle reminder that abundance surrounds you. When you pause to see the beauty in the ordinary, you unlock a sense of joy that carries you through even the most difficult days."

"Gratitud."

"La gratitud es el suave recordatorio de que la abundancia te rodea. Cuando te detienes a ver la belleza en lo cotidiano, desbloqueas una alegría que te lleva incluso en los días más difíciles."

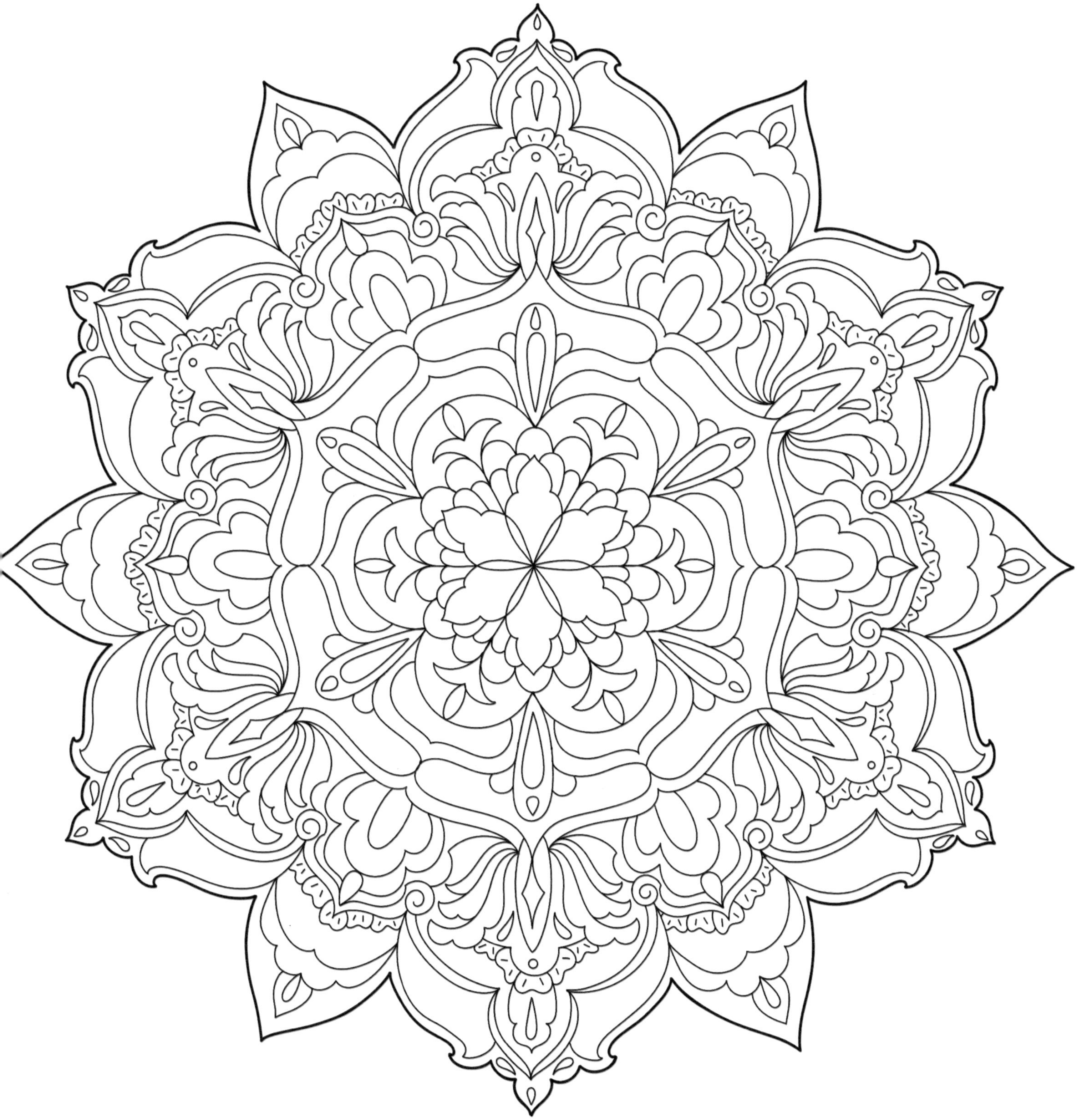

"Resilience."

"Resilience is not the absence of struggle but the courage to rise after every fall. Trust that your strength grows each time you choose hope, even when the path seems unclear."

"Resiliencia."

"La resiliencia no es la ausencia de lucha, sino el valor de levantarte después de cada caída. Confía en que tu fuerza crece cada vez que eliges la esperanza, incluso cuando el camino parece incierto."

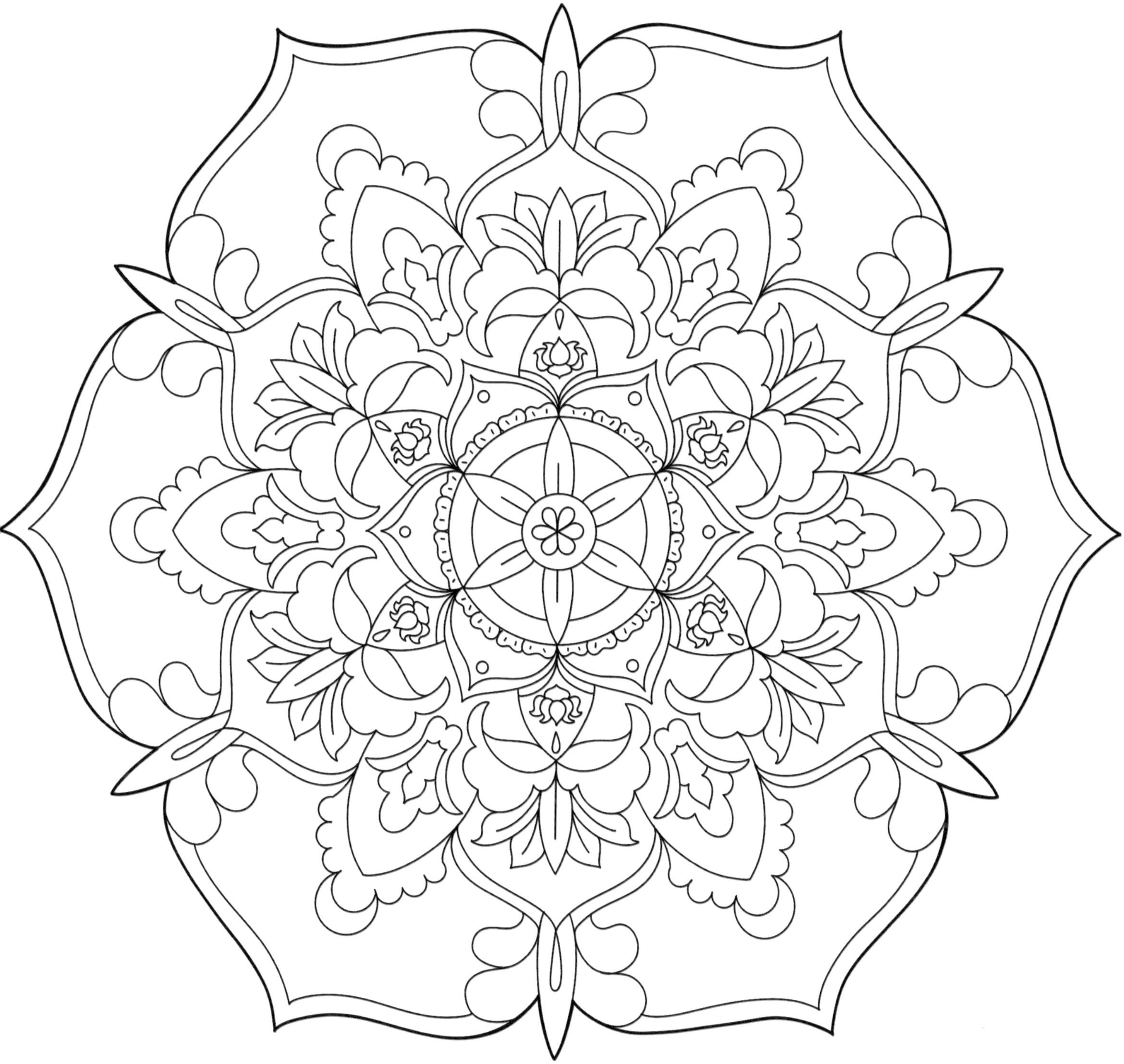

"Connection."

"True connection begins when you open your heart to the threads that bind us. In giving and receiving love, you are never alone; you are a vital piece of life's vast, beautiful tapestry."

"Conexión."

"La verdadera conexión comienza cuando abres tu corazón a los hilos que nos unen. Al dar y recibir amor, nunca estás solo; eres una pieza vital del vasto y hermoso tapiz de la vida."

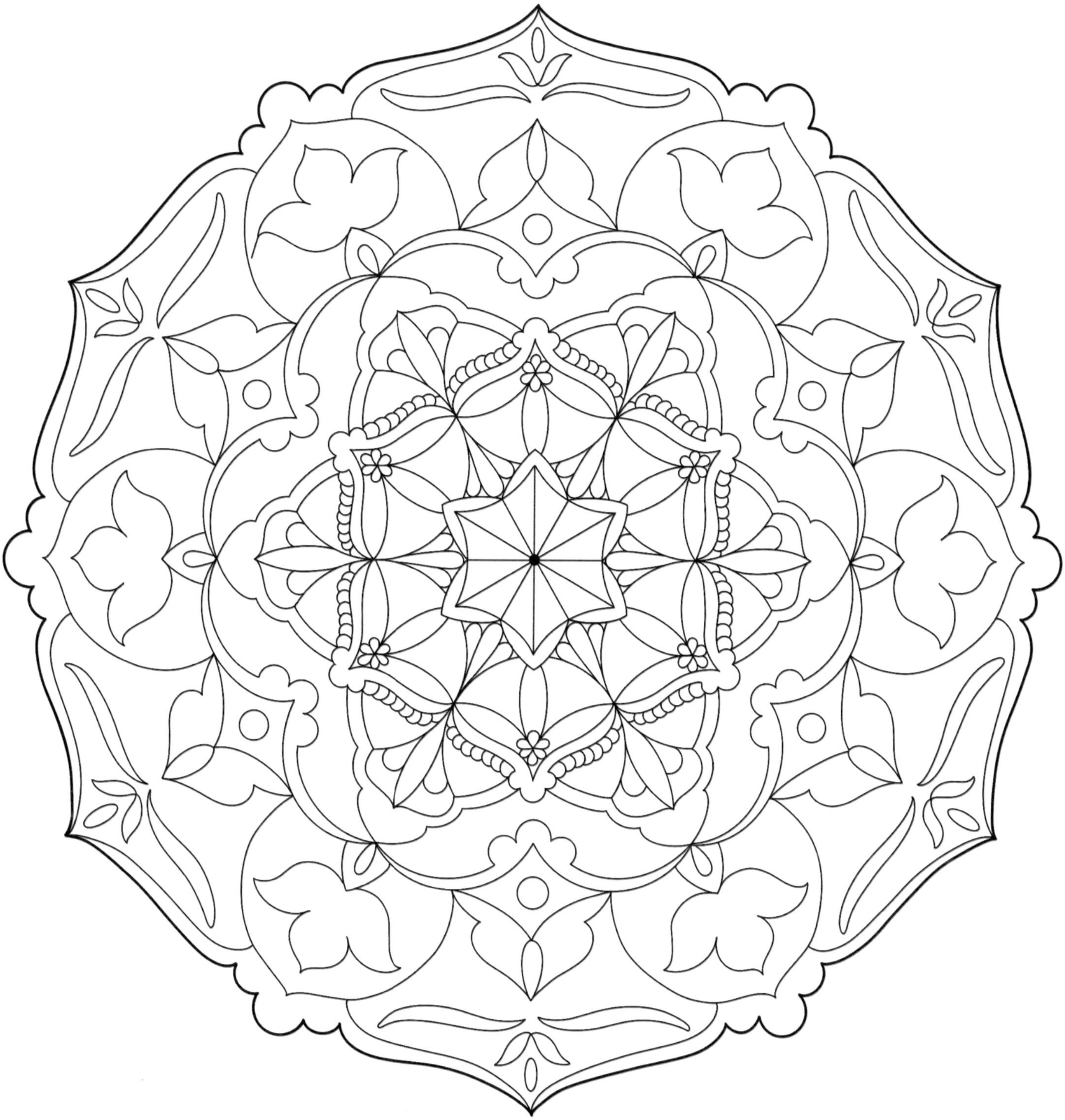

"Clarity."

"Clarity arises when you let go of the noise and embrace stillness. In that quiet space, the answers waiting within you become clear, lighting your path forward with purpose and intention."

"Claridad."

"La claridad surge cuando dejas ir el ruido y abrazas la quietud. En ese espacio silencioso, las respuestas que esperas dentro de ti se vuelven claras, iluminando tu camino con propósito e intención."

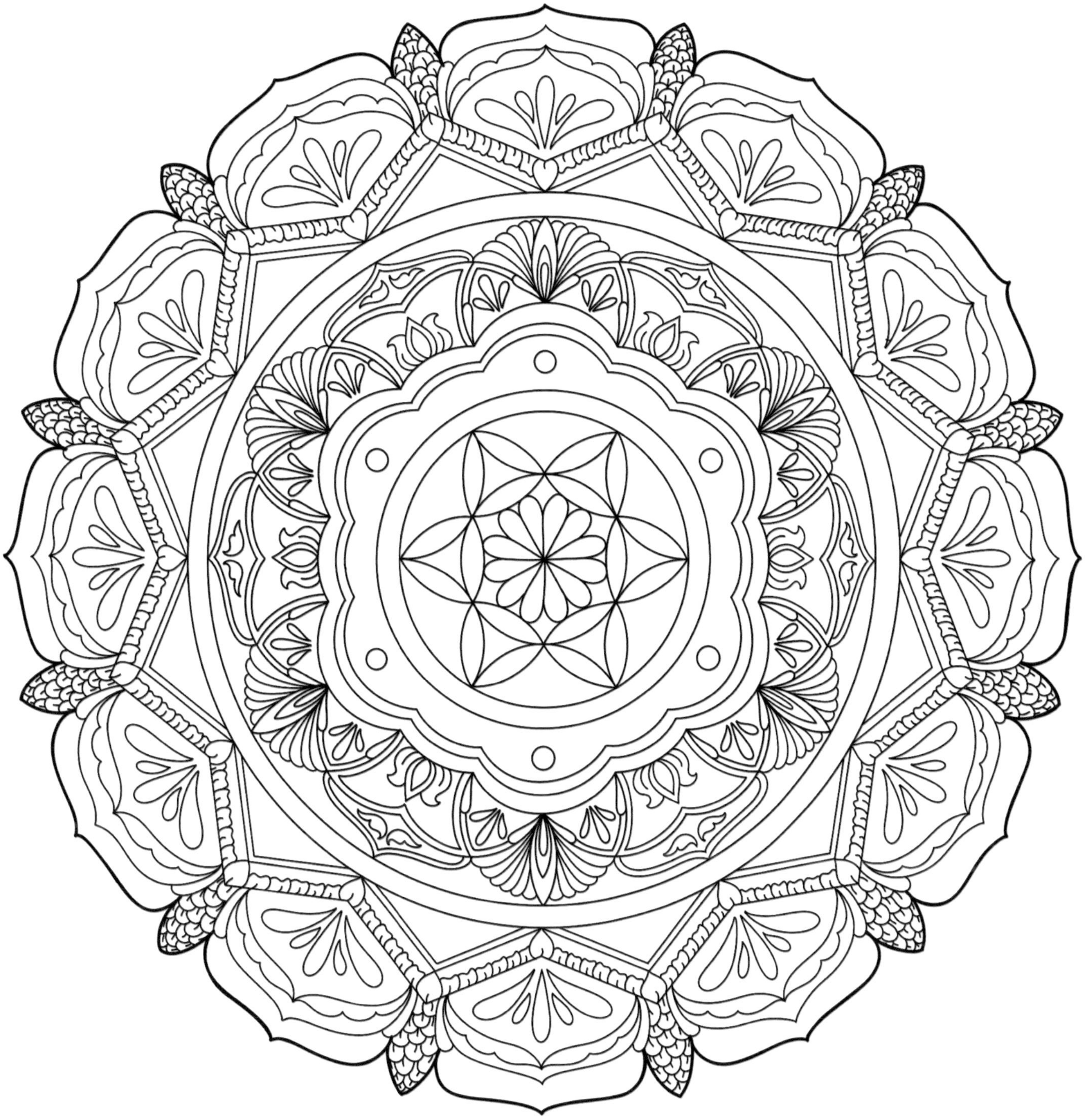

"Healing."

"Healing is a journey, not a destination. It begins when you hold space for your pain, nurture your wounds with compassion, and allow love to restore your broken parts."

"Sanar."

"La sanación es un viaje, no un destino. Comienza cuando haces espacio para tu dolor, nutres tus heridas con compasión y permites que el amor restaure las partes de ti que se sienten rotas."

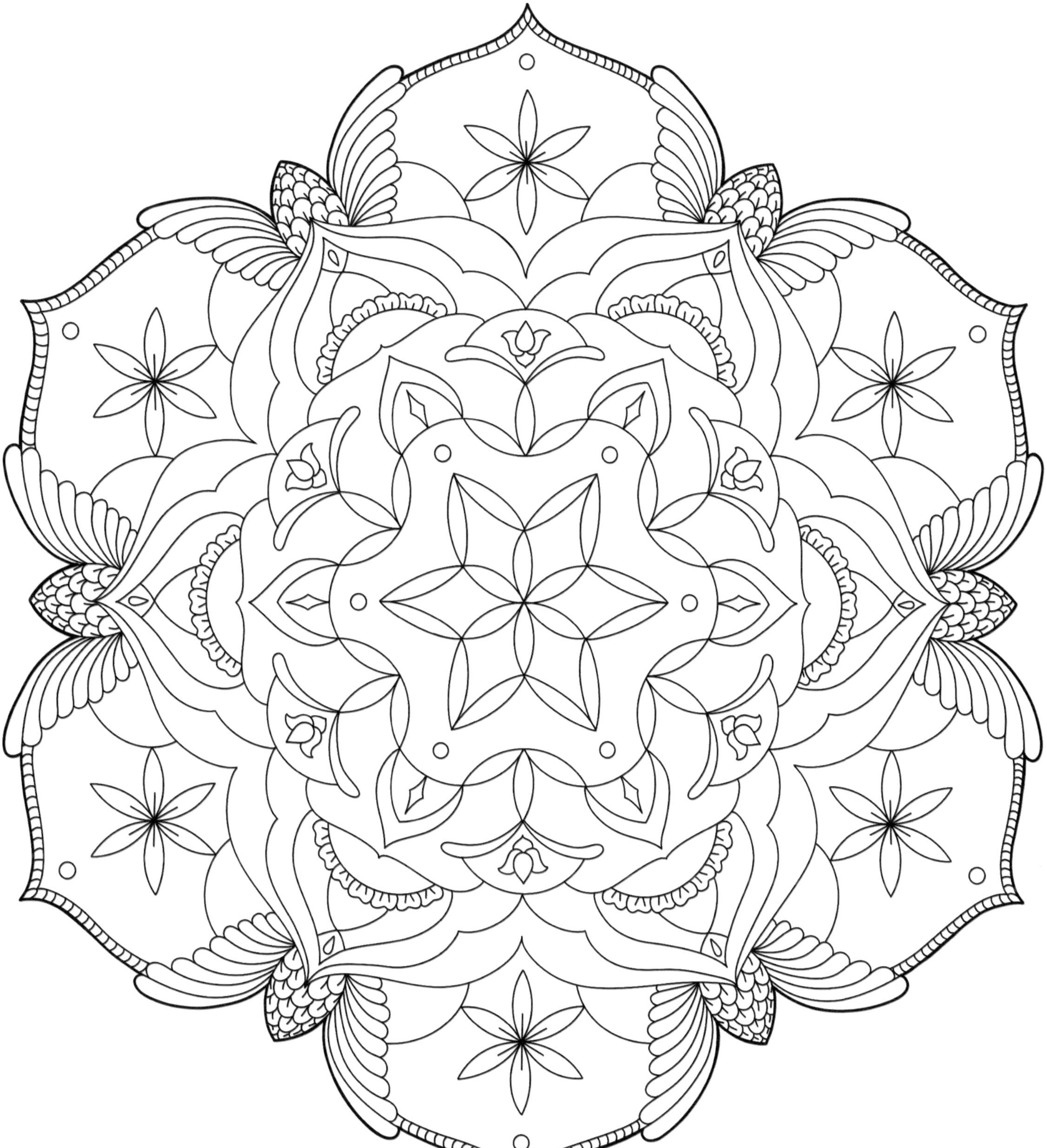

"Intuition."

"Your intuition is the quiet wisdom that speaks in whispers. Trust its voice, for it carries the knowledge of your soul, guiding you toward choices that honor your deepest truth."

"Intuición."

"Tu intuición es la sabiduría silenciosa que habla en susurros. Confía en su voz, ya que lleva el conocimiento de tu alma y te guía hacia elecciones que honran tu verdad más profunda."

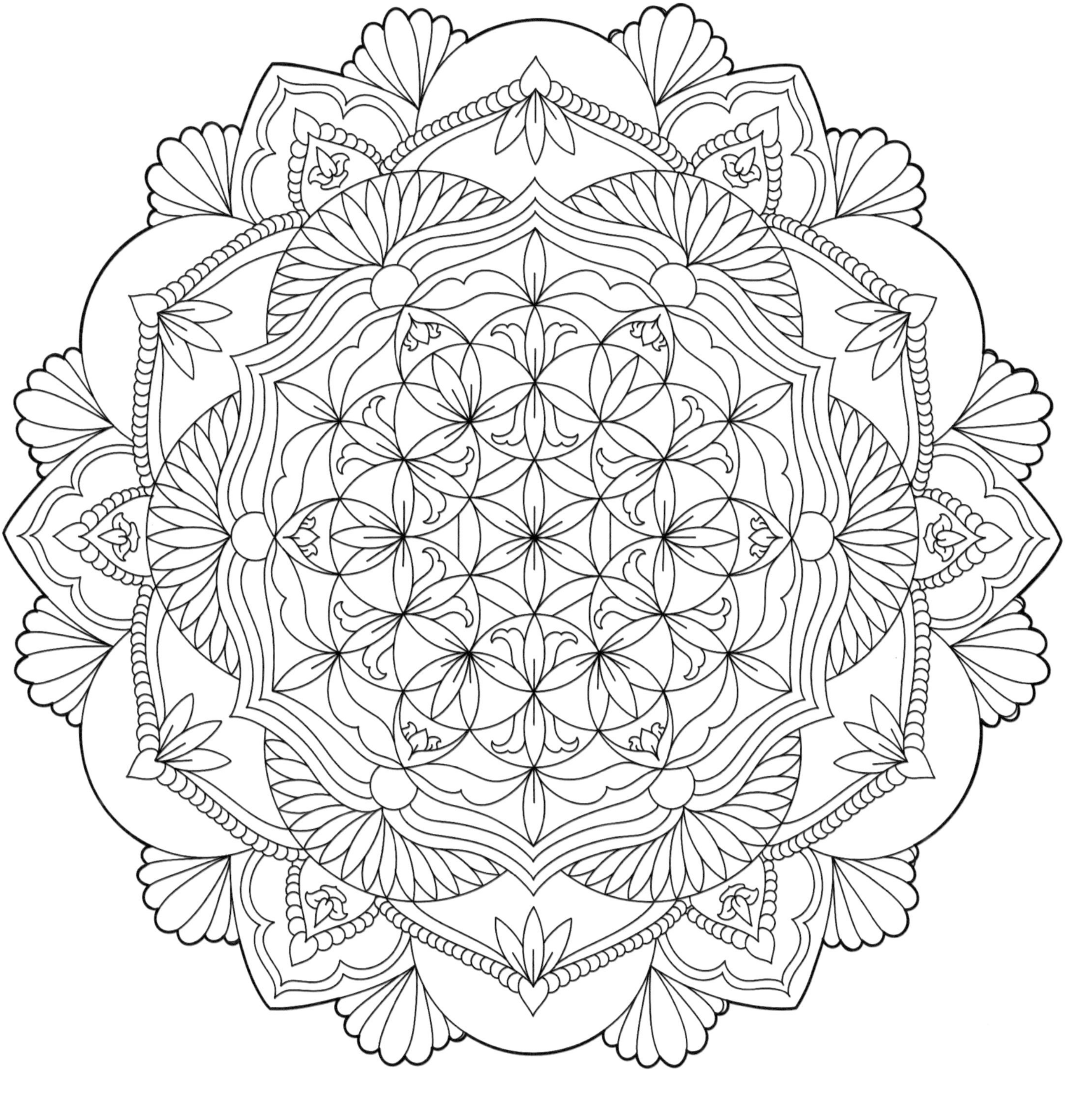

"Abundance."

"Abundance flows when you open your heart to life's infinite possibilities. It begins not with what you have, but with the realization that who you are is already enough."

"Abundancia."

"La abundancia fluye cuando abres tu corazón a las infinitas posibilidades que ofrece la vida. Comienza no con lo que tienes, sino con la realización de que quien eres ya es suficiente."

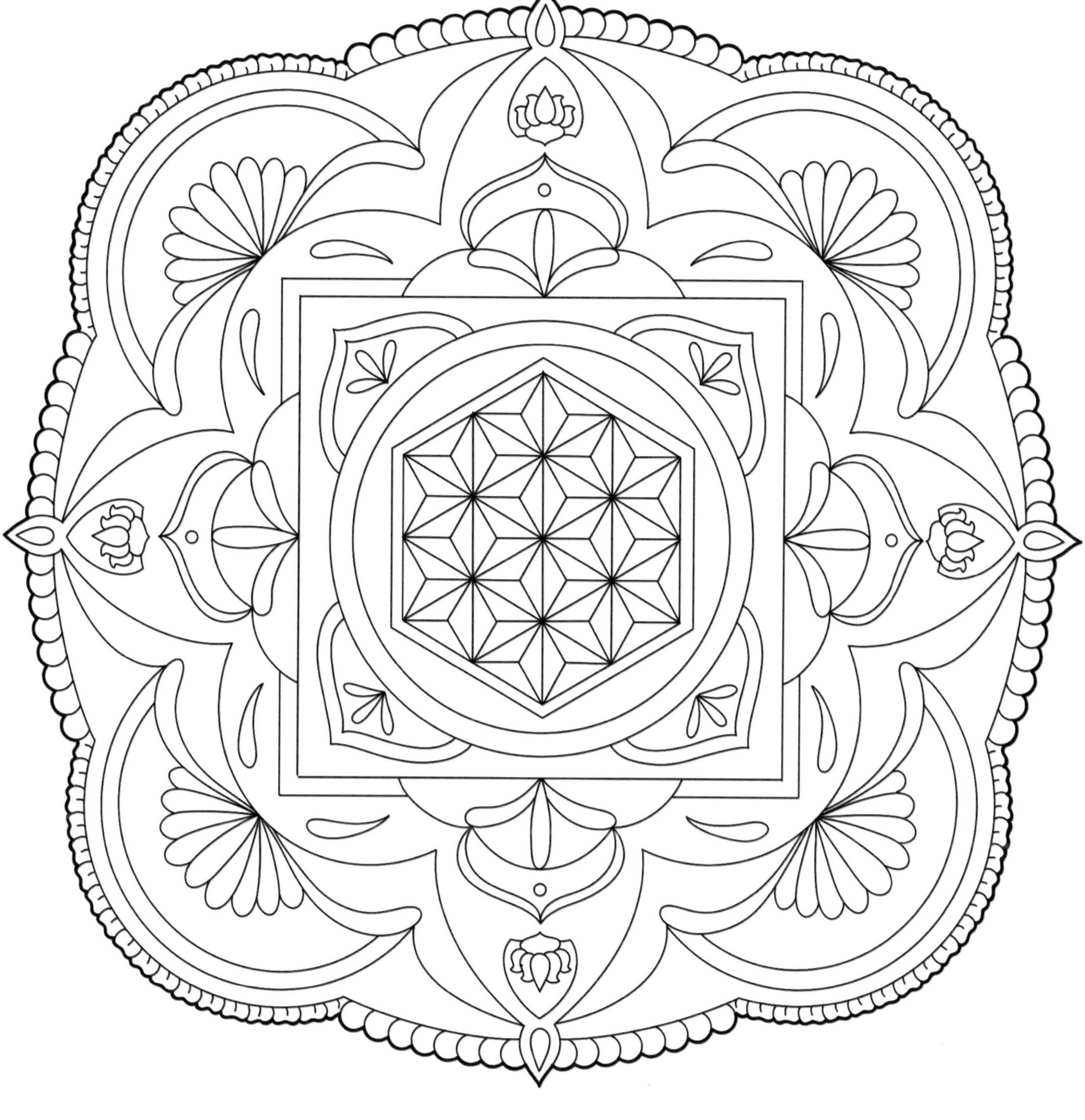

"Empowerment."

"Empowerment comes from within. When you trust your strength, embrace your voice, and take bold steps forward, you reclaim the power to shape your life and shine your light unapologetically."

"Empoderamiento."

"El empoderamiento viene desde adentro. Cuando confías en tu fuerza, abrazas tu voz y das pasos audaces hacia adelante, recuperas el poder de dar forma a tu vida y brillas con tu luz sin disculpas."

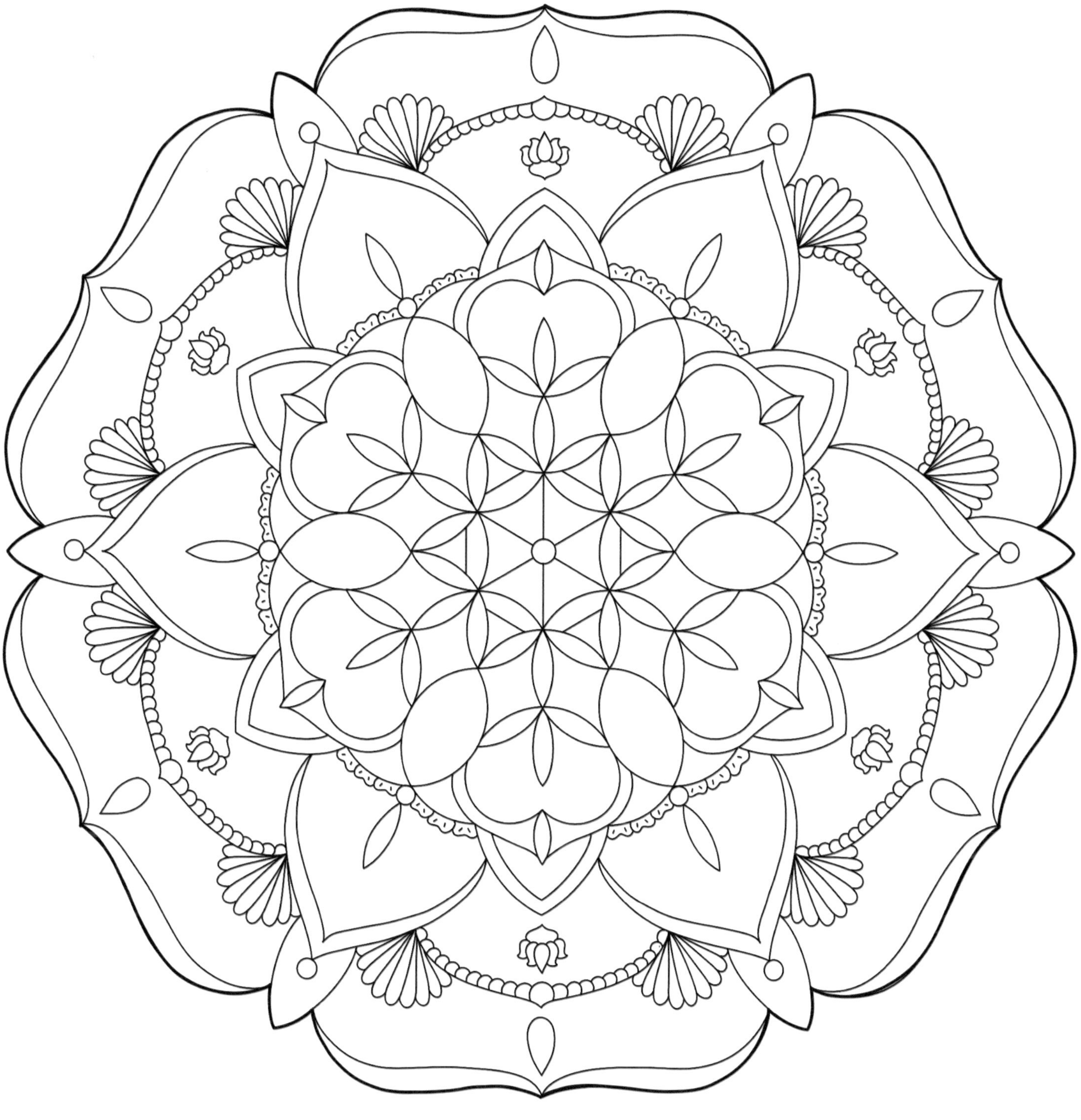

"Love."

"Love is the thread that binds us to the divine and each other. It starts with embracing yourself fully, for when you love who you are, you radiate that love outward into the world."

"Amor."

"El amor es el hilo que nos une a lo divino y a los demás. Comienza con abrazarte a ti mismo por completo, porque cuando amas quién eres, irradias ese amor hacia el mundo."

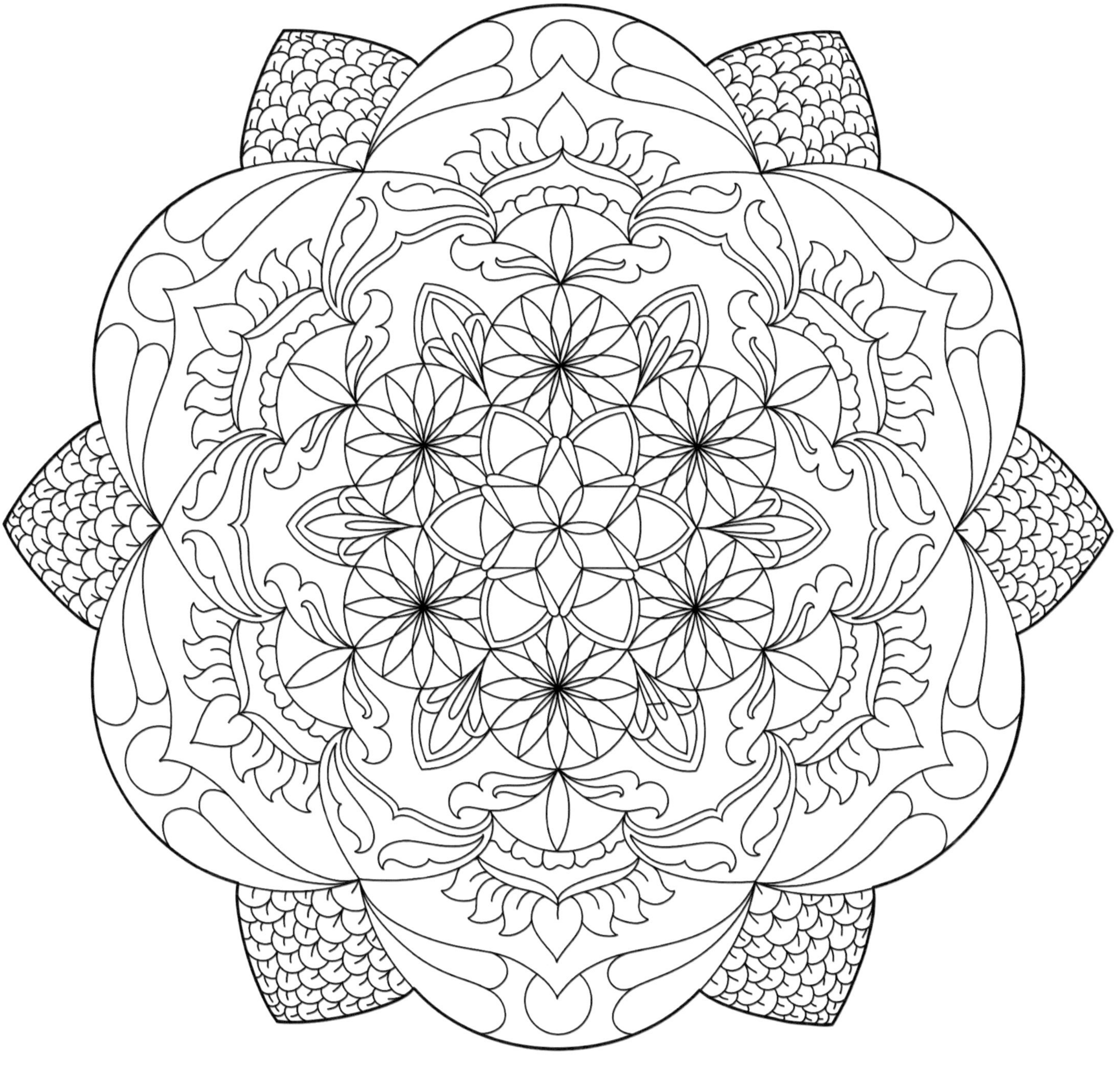

"Forgiveness."

"Forgiveness is the gift you give yourself. By releasing the weight of past hurts, you free your heart to grow lighter, allowing peace and freedom to flow into your life."

"Perdón."

"El perdón es el regalo que te das a ti mismo. Al liberar el peso de los dolores pasados, liberas tu corazón para crecer más ligero, permitiendo que la paz y la libertad fluyan en tu vida."

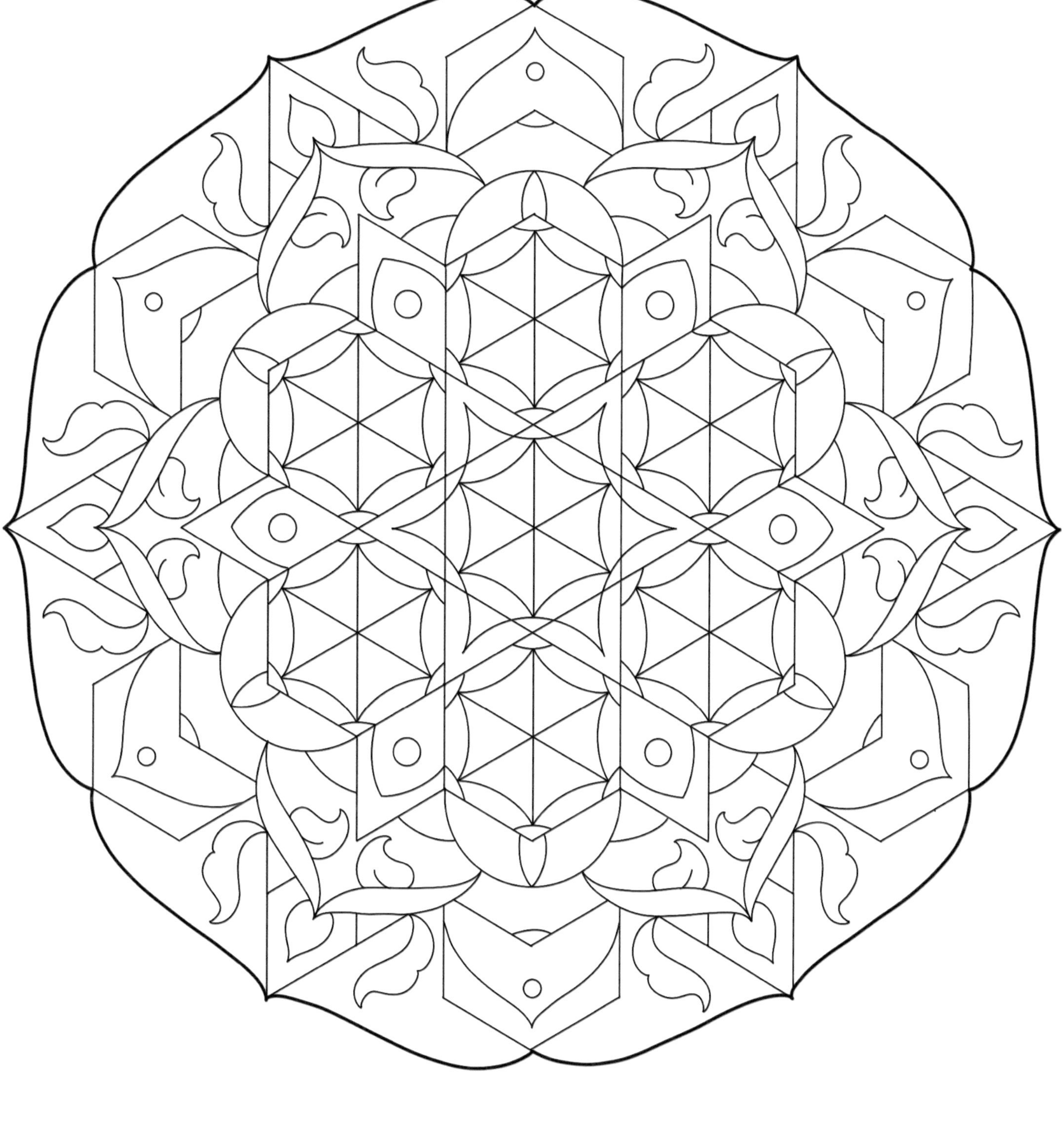

"Courage."

"Courage is not the absence of fear but the willingness to take one small step forward despite it. Each act of bravery builds the strength to overcome, transforming fear into wisdom."

"Coraje."

"El coraje no es la ausencia de miedo, sino la disposición a dar un pequeño paso adelante a pesar de él. Cada acto de valentía construye la fuerza para superar y transforma el miedo en sabiduría."

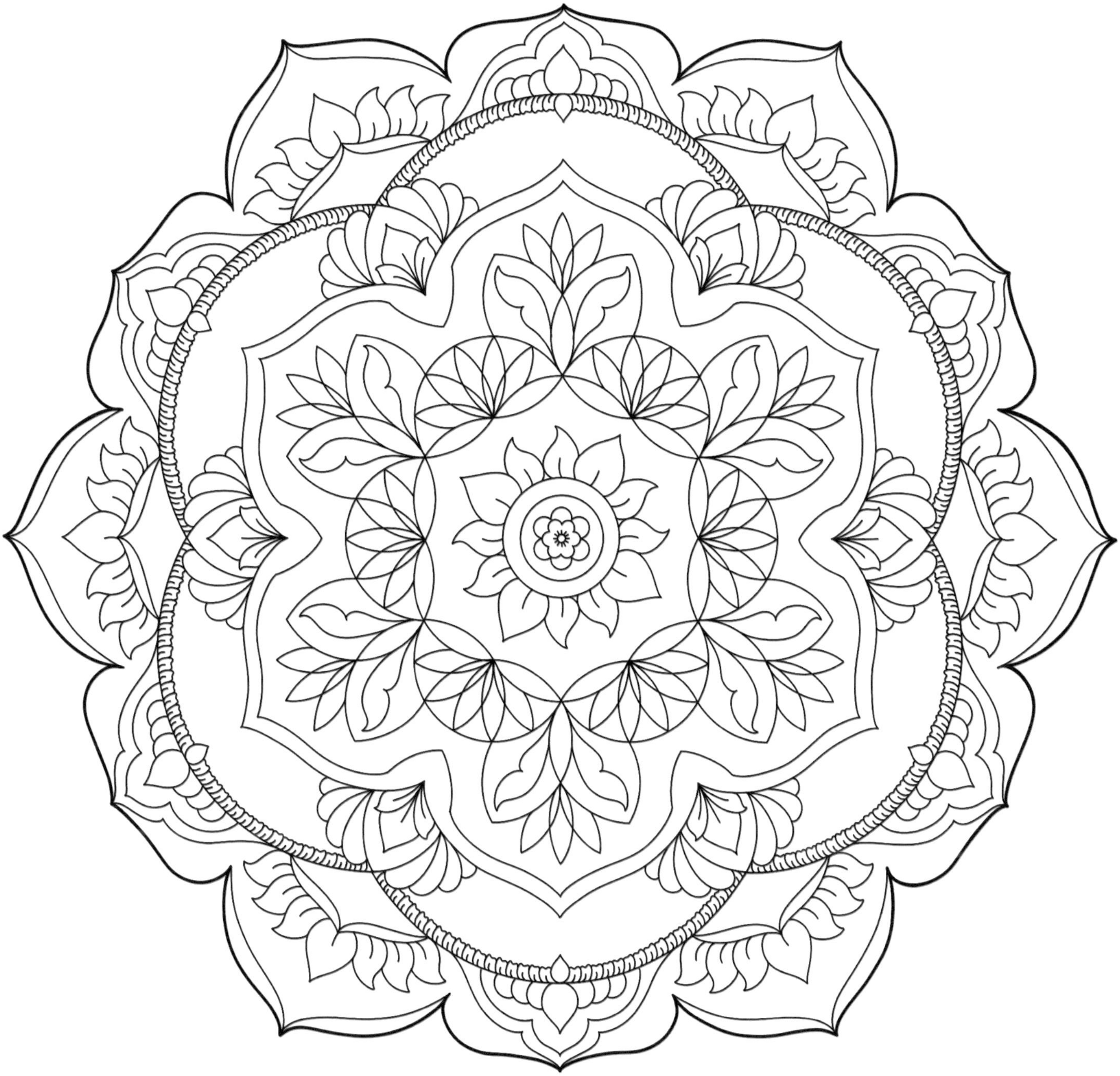

"Presence."

"Presence is the art of fully living in the moment. When you let go of yesterday's burdens and tomorrow's worries, you discover the beauty and peace that exist only in the here and now."

"Presencia."

"La presencia es el arte de vivir plenamente en el momento. Cuando dejas ir las cargas de ayer y las preocupaciones de mañana, descubres la belleza y la paz que solo existen en el aquí y el ahora."

ePeak Arts

Copyright © All rights reserved

No portion of this book may be reproduced, stored in a retrieval system, or transmitted in any form by any means-electronic, mechanical, photocopy, recording, or other-except for brief quotations in printed reviews, without prior permission of the author

Disclaimer

The content provided in this book is for informational and educational purposes only and is not intended to serve as medical advice, diagnosis, or treatment. ePeak Arts LLC does not claim any responsibility for the accuracy or completeness of the information presented. Readers should consult with a qualified healthcare professional for medical advice, diagnosis, or treatment of any medical conditions. Use of the information in this book is at the reader's own risk, and ePeak Arts LLC is not liable for any potential consequences resulting from the application of the information provided.

Descardo de Responsabilidad

El contenido proporcionado en este libro es solo para fines informativos y educativos y no está destinado a servir como consejo médico, diagnóstico o tratamiento. ePeak Arts LLC no asume ninguna responsabilidad por la exactitud o integridad de la información presentada. Los lectores deben consultar con un profesional de la salud calificado para obtener consejos médicos, diagnósticos o tratamientos de cualquier condición médica. El uso de la información en este libro es bajo el propio riesgo del lector, y ePeak Arts LLC no es responsable de las posibles consecuencias resultantes de la aplicación de la información proporcionada.